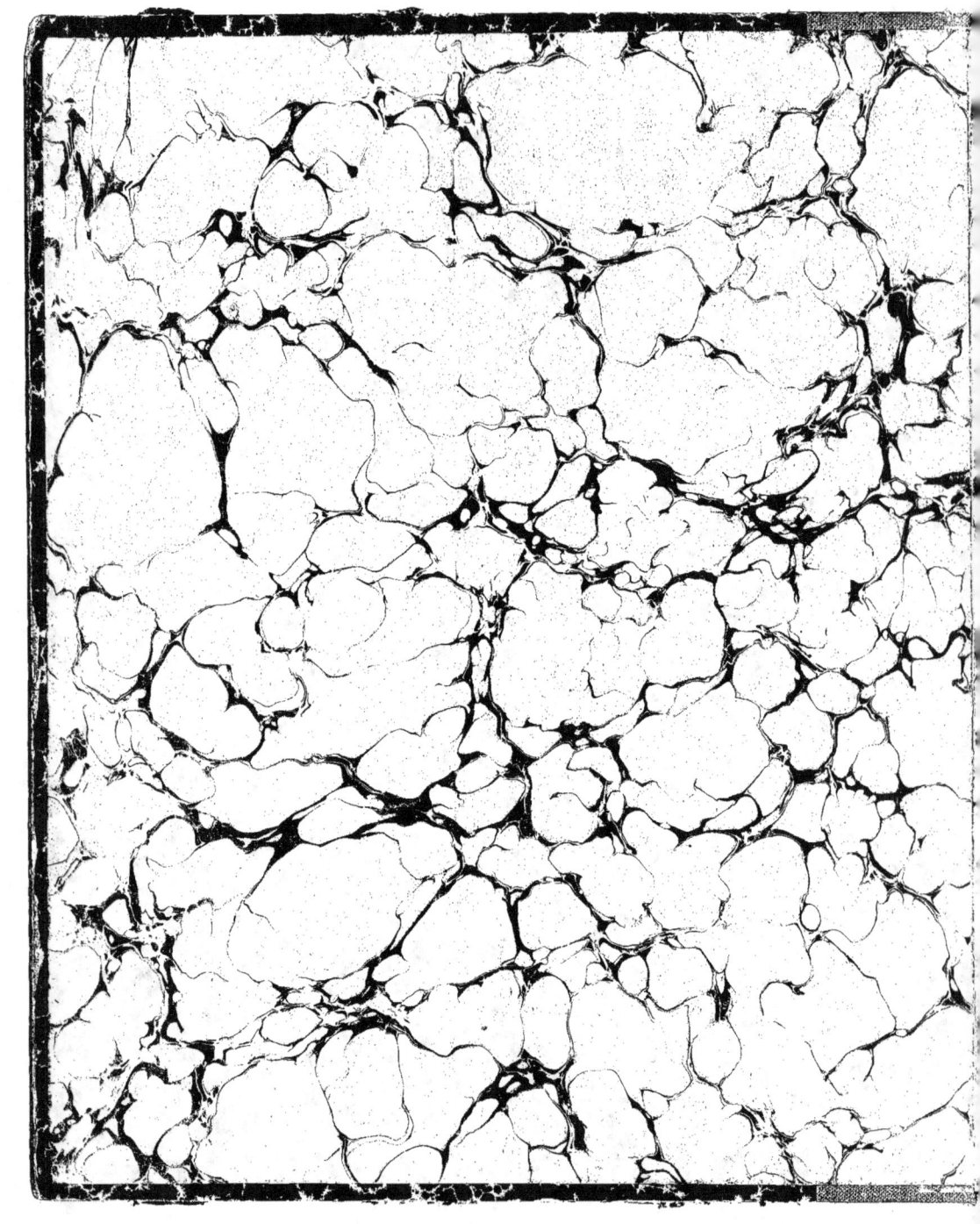

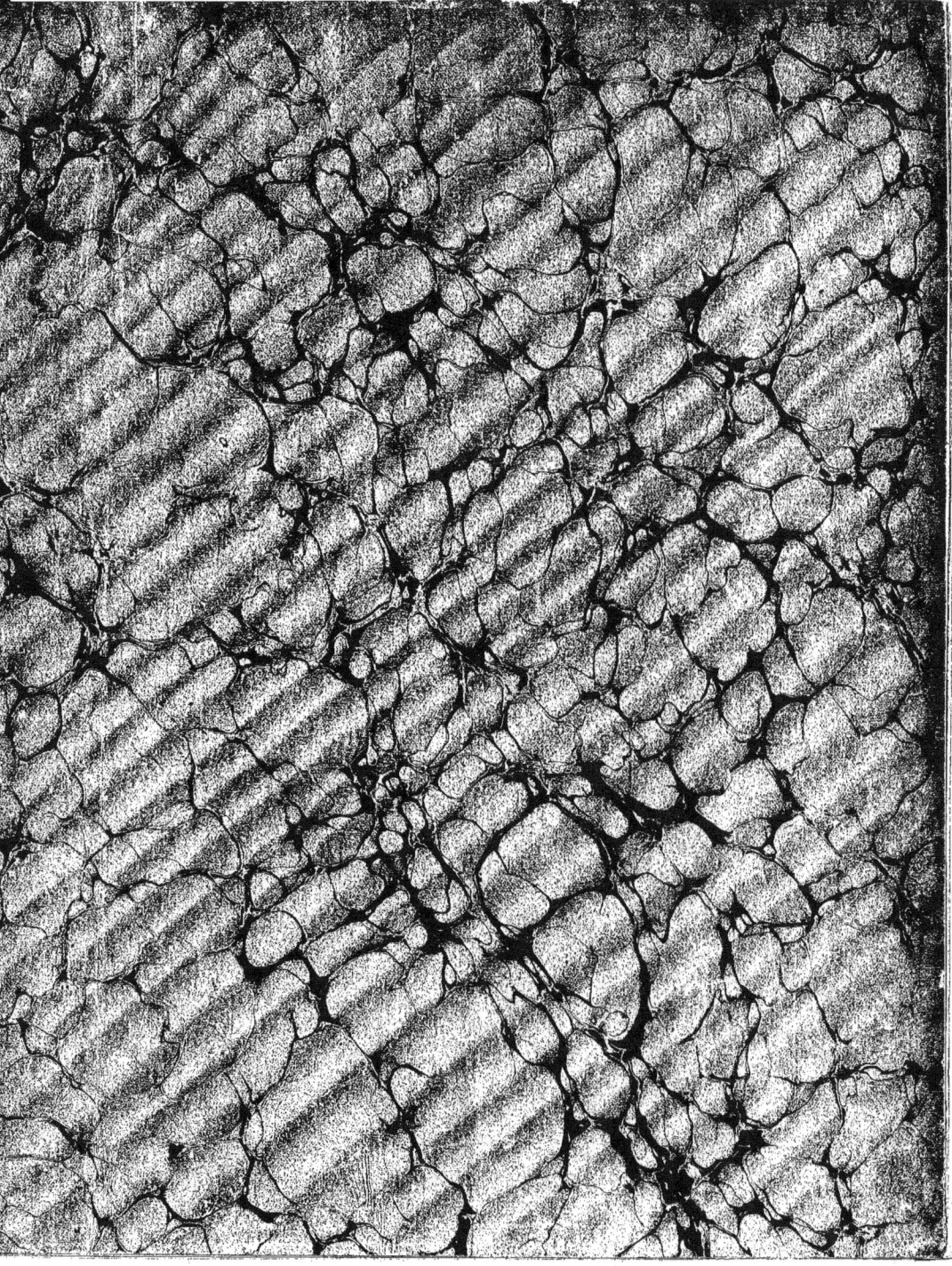

L'ART et le BEAU
MONTMARTRE ET SES ARTISTES
Nº 4

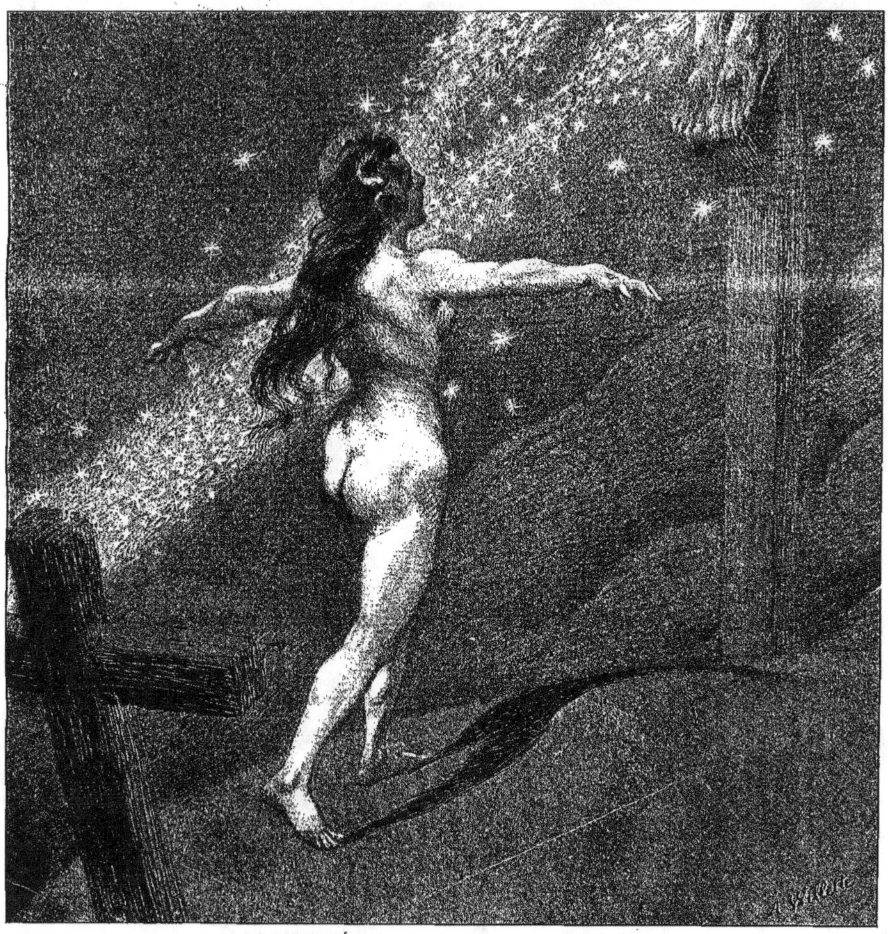

LA LIBERTÉ „A toi le Ciel".... „A moi la Terre"

LIBRAIRIE ARTISTIQUE ET LITTÉRAIRE, 65, Rue du Bac. — PRIX net 6 Francs.

L'ART ET LE BEAU Numéro spécial 4
MONTMARTRE ET SES ARTISTES

ABONNEMENT ET VENTE:	Conditions de l'abonnement pour 4 Numéros spéciaux:
65, Rue du Bac, PARIS	Paris : 1 an 20 fr.; 6 mois 10 fr. Départements : 1 an 22 fr.; 6 mois 11 fr. Etranger (Union Postale): 1 an 24 fr.; 6 mois 12 fr.

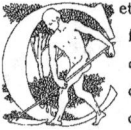

et article qui constitue le quatrième numéro spécial de L'ART ET LE BEAU fait défiler, dans la forme la plus animée, tout le cortège d'artistes, de bohèmes, de gens de talent, de fantaisistes qui firent de Montmartre un terroir particulier de l'esprit français. Soixante illustrations choisies parmi les meilleures œuvres et les plus caractéristiques qui donnent les divers aspects de Montmartre, font saisir toute la vie si pittoresque et si variée de ce coin de Paris. Les unes dépeignent la vie intellectuelle, les autres les élégances et les allures libres qu'on y rencontra, qu'on y rencontre encore. On a eu également l'intention d'y représenter, par quelques uns des dessins qui affirment le mieux leur talent, les dessinateurs qui ont saisi avec le plus de vérité et d'intérêt l'aspect de ce pittoresque: les *Willette*, les *Léandre*, les *Steinlen*, les *Faivre*, les *Truchet*, etc.

❦ ❦ ❦

Un bulletin d'Abonnement accompagne ce numéro.

65, Rue du Bac, PARIS. **La librairie artistique et littéraire.**

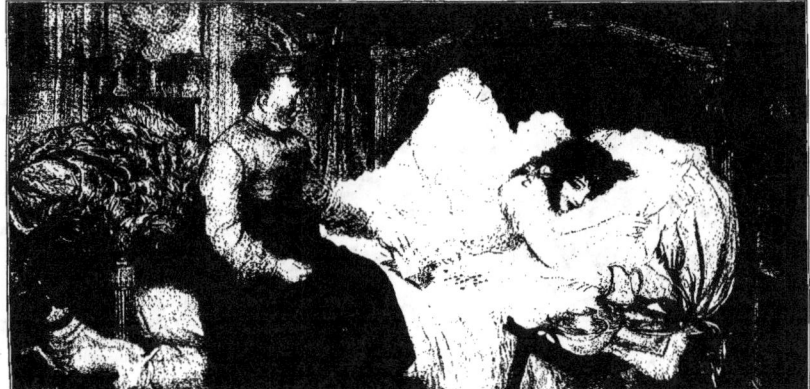

ABEL FAIVRE — DÉCORATION DE LA TAVERNE DE PARIS

MONTMARTRE ET SES ARTISTES

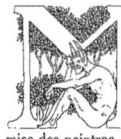

Montmartre est une des capitales de l'art et du pittoresque. Cette gloire familière qui jadis parait le quartier des Écoles, ce qu'on appela le Pays latin, lui a été pour la plus grande part transférée. Montmartre a créé un produit spécial, la gaieté Montmartroise qui s'affirme un tantinet par les œuvres de quelques uns de ses chansonniers, et beaucoup plus par l'esprit de ses dessinateurs, de ses humoristes du crayon. C'est aussi la terre promise des peintres. Montmartre fut le berceau de nombreuses écoles littéraires. Montmartre est joyeux, artiste et complexe. Les artistes transcrivent sans cesse ses beautés, chacun apporte à cet hommage sa nuance de tempérament. Chacun voit Montmartre à sa manière, mais c'est toujours Montmartre. Il en émane un charme fort, subtil et multiple, parce qu'il y a plusieurs Montmartres dans Montmartre; les habitants de la Butte diffèrent entre eux, par leurs aptitudes et leurs moyens d'art. De tant de peintres qui ont traduit Montmartre, aucun qui ne s'y soit fait une spécialité de visions et de sujets également topique et vraie; chacun y a cherché et trouvé un reflet du monde, particulier. Ils ont réussi chacun à en interpréter une manière d'être, une allure et ils ont rapporté de ces recherches sur un microcosme, les résultats les plus heureux, les plus abondants, les plus variés, et par leur labeur la gloire de Montmartre, maintenue, n'est pas près de décroître.

* * *

En vingt rues pittoresquement montantes, coupées d'escaliers et de jardins, une ville s'affirme familière, tragique, amusante, différente du Paris qui travaille et aussi laborieuse que lui, différente du Paris de fête et comme lui pleine de rires. La plantation même du quartier y est pour quelque chose. La proximité du boulevard, y fait pulluler les endroits de plaisir, qu'on vient voir parce qu'ils sont colorés et bruyants. Nulle part les lampes électriques des cafés ne s'éteignent si tard. Les voies escarpées d'accès difficile aux voitures, juxtaposent aux allées brillantes des feux de Music-Halls, ces petites rues calmes et silencieuses, ces rues qui paraîtraient provinciales, n'était l'air très au courant de tout, des moindres habitants. Il y a des peintres qui ont interprété, dans Montmartre, des coins de solitude et d'autres ont brossé sur leurs toiles, le mouvement des bals publics. Au moment de la foire, lorsque les étincelants châteaux de paillon et de vacarme allongent sur plusieurs kilomètres de boulevard extérieur, leur fracas lumineux, tous les

LE MOULIN ROUGE
dessin d'Avelot

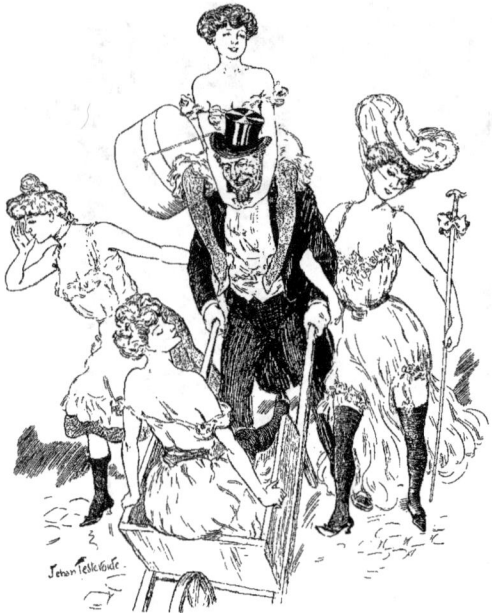

JEHAN TESTEVUIDE
L'honorable Jonathan k. k. Homett, de Cincinatti (Ohio), fait le trust des théâtreuses... On doute du succès de cette vaste opération, quoique le célèbre milliardaire ait les reins solides.

veulent vivre pas trop loin des journaux, les candidats aux prix de Rome y demeurent, et c'est la patrie des indépendants. Dans un atelier de Montmartre, le futur prix de Rome ou l'ancien prix de Rome brossent des Sémiramis, des Nabuchodonosor, des Vénus, des Madones, des Caïns, des Abels et des hommes de la préhistoire, du temps des cavernes; mais le peintre d'histoire, Cormon, qui cherche ses héros dans l'âge de la pierre polie (on a trouvé à Montmartre des haches de pierre, et on sait que c'est une des vieilles citadelles de l'humanité), le peintre Cormon s'interrompt de brosser ses préadamites à barbes de patriarches, ses guerriers coiffés de muffles de loup, et ses grandes femmes rousses chasseresses ardentes, habiles aussi à coudre les peaux des bêtes tuées, et au moins, une fois dans sa vie, notoirement pour le Salon, il a fait du Montmartre. Il a emmené ses modèles au Bal des Quat'Arts, et ils y ont rencontré des doges, des janissaires, des croisés, des petites filles de Tanagra et de l'Agora, des marchés aux herbes d'Athènes et de la Suburre de Rome. Ils y ont rencontré aussi les byzantines qui s'habillent comme les figurantes de la Théodora de Victorien Sardou d'après Sarah Bernhardt, et aussi Louis XIV et ses Mousquetaires, et St-Vincent de Paul et Pierre l'Hermite, beaucoup de Raphaëls et des Fornarines, et de tous ces déguisements, de la masse confuse de ces costumes, du grouillement de toutes sortes de lumières électriques, il a fait une esquisse du Bal des Quat'Arts. Montmartre a donné de la gaieté à l'Institut. Le sévère Gérôme qui habitait Montmartre, professait qu'il n'y a plus de peintres, qu'il n'y a plus de bonne peinture, que la civilisation s'en allait, que tout tombait de Charybde en Scylla et de Scylla dans le Tartare c'est-à-dire au néant, sauf la gaieté Montmartroise. Ce fier contempteur de son temps ne se bornait pas à députer au Bal des Quat'z'Arts et aux Vachalcades, ses élèves, ses massiers, il y venait lui-même en costume d'Académicien, ce qui est un déguisement

humours faubouriens, y viennent de tous les coins de Paris signaler leur hilarité, et se fondre dans la gaieté montmartroise. La fête terminée, les lumières électriques des mille baraques éteintes, le quartier n'en demeure pas moins vivant et bariolé. Il se reconquiert. Les peintres un instant refoulés dans l'attention populaire par les saltimbanques et les mécaniques de grosse joie, reprennent le haut du pavé, avec les fantaisistes. Ces deux classes d'artistes sont chez eux à Montmartre, ils y tiennent la rue, ils en occupent les maisons, ils y travaillent, le traduisent, s'y gaussent. Quelqu'uns exhibent une vie en partie double, et brillent au boulevard et aux Salons comme à Montmartre. D'autres y mènent une vie de province. La caractéristique de Montmartre, c'est de faire voisiner des quartiers de province, avec les rues les plus animées de Paris. Dans ces rues, il passe de la fantaisie, puisqu'il y a des poètes, de la beauté puisqu'il y a des modèles et des belles filles de plaisir. La concurrence vitale y est plus acharnée qu'ailleurs, puisque tant de gens y luttent, pour la gloire ou pour les médailles et pour le pain quotidien. Les écrivains s'y logent qui

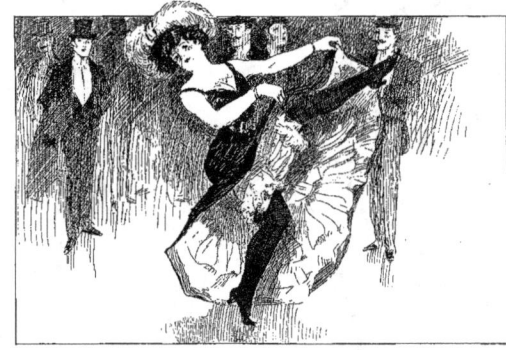

BOUSSARIGUES
Montmartre a toujours été d'un assez bon rendement. Les raineuses travaillent le minerai au chauffage, c'est-à-dire qu'après avoir chauffé le minerai à blanc, les mineuses extirpent l'or qu'il contient.

L'ART ET LE BEAU

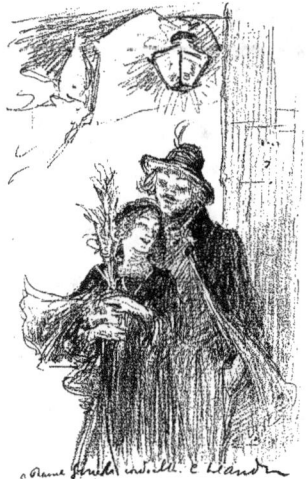

CHARLES LÉANDRE
DÉCORATION DE LA TAVERNE DE PARIS

comme un autre et que Montmartre connaissait, depuis que le cabaretier Salis avait planté au seuil du Chat noir, des hallebardiers à palmes vertes, hommage et concurrence, hommage surtout à tant de Montmartrois classés et devenus illustres.

A plus forte raison, les indépendants, les modernistes donnent Montmartre non seulement dans ses jours de faste, à ses heures de fête épanouie comme fit Abel Truchet, pour ce Bal des Quat'z'Arts qu'il a peint dans un style plus mouvementé que celui de Cormon, mais ils le traduisent dans tous ses détails et toutes ses fortes verrues. Il n'est point de music-hall, de bal public à Montmartre, où le soir dans un coin, quelque peintre moderniste ou impressionniste, ne jette sur un calepin quantité de dessins cursifs, silhouettant les pîtres, les ballerines, les chanteuses, les musiciens de l'orchestre et aussi les spectatrices; de jour, il n'est guère un coin de Montmartre, où quelque rapin n'esquisse une pochade, une scène un paysage de la rue; à Montmartre, on peint aux fenêtres, sur la voie publique, sur le devant des cafés, on peint même dans les ateliers, on peint partout, et on peint de toutes les façons; la tribu des peintres y vit dans ses esthétiques variées et ses labeurs multiformes.

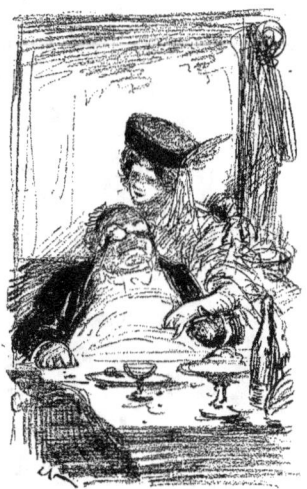

CHARLES LÉANDRE
DÉCORATION DE LA TAVERNE DE PARIS

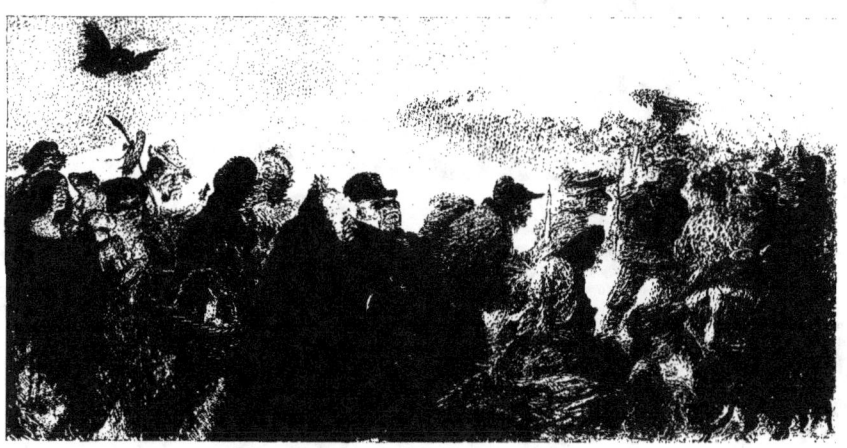

CHARLES LÉANDRE — DÉCORATION DE LA TAVERNE DE PARIS

On n'y fait pas que de l'art. Les meilleures fabriques de faux primitifs, de faux Rembrandt, de faux tableaux du XVIIIe siècle, de faux Corot, de faux Troyon, de faux Diaz, de faux Ingres sont à Montmartre. Il y a des usines où on fait de faux Montmartrois, de faux Willette, on y fait le faux de tout, pour les marchands peu scrupuleux. En revanche, les meilleurs artistes y créent leurs œuvres, et comme les écoles nouvelles y élaborent leurs efforts, il y a des marchands de tableaux en chambre, qui ont eu dans leurs magasins ou appartements des tas de toiles achetées cent francs, et même moins et que les Yankees se disputent maintenant à coup de billets de mille francs. En de modestes rez-de-chaussées de la rue Lepic furent empilées des collections de milliardaires. L'humble restaurant du père Ollivier en haut de la butte fut décoré d'un Renoir, d'un portrait du patron brossé par Renoir, au temps de ces débuts nerveux, éclatants et pauvres, où la bienveillance d'un bistro est la bonne manne qui permet à l'artiste de finir son tableau, d'attendre une vente; plus tard Salis, le cabaretier du Chat noir accrocha à ses murs des œuvres qui passent aux musées de l'Etat, le *Parce domine* de Willette; à d'humbles caboulots les murs se couvraient d'études et de chefs d'œuvre, en un tohu-bohu amusant. Tous ceux qui partaient ensemble, à même date, pour la gloire et la lutte, laissaient dans ces auberges de rire et de fantaisie une trace de leur passage et ainsi un moment il y eut des tableaux de maîtres, de futurs maîtres, qui couraient les rues. Montmartre eut ses journaux, conçus d'après le même principe d'égalité dans l'ambition et dans l'insouciance, et leurs collections demeurent précieuses; documents nécessaires à connaître, à qui veut étudier l'histoire de l'art français depuis une trentaine d'années.

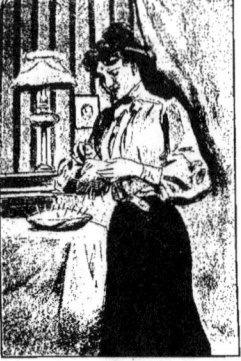

A quoi on est réduite...

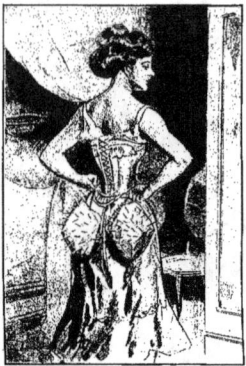

une femme honnête...

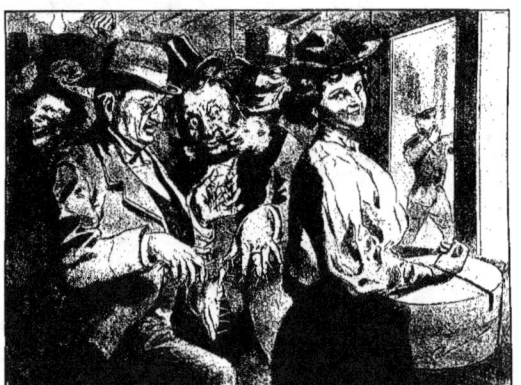

VALVÉRANE ... pour voyager impunément dans le métro.

* * *

Montmartre, le nouveau Montmartre, le Montmartre d'art doit beaucoup au baron Haussmann, non point à cause de ce qu'il a fait pour lui, au contraire parce qu'il s'en occupa assez peu. L'escarpement relatif de Montmartre, le sauva du pic et de la pioche de ce remanieur de Paris.

Au contraire sur la pente douce de la Montagne Sainte-Geneviève, le baron Haussmann put s'en donner à cœur joie; il put éventrer les ruelles, planter des boulevards, jeter de longues rues, assainir, simplifier, démolir, reconstruire, tout à son aise.

Son but en modifiant la ville était triple; l'embellir, d'abord, puis remplacer les chimériques ateliers nationaux qui avaient échoué en 1848, par de nombreux centres d'embauchage. En faisant «aller le bâtiment», il satisfaisait la bourgeoisie, le monde des affaires, et donnait du travail aux ouvriers, à toutes les corporations qui vivent de l'entrepreneur. Mais encore plus, et ce troisième point n'était pas le moins important pour lui, il faisait disparaître des centres de résistance révolutionnaire, des coins de rue où une barricade pourrait tenir solidement et longtemps. Il n'est point certain qu'il ne mit un certain empressement à faire jeter bas aussi des endroits où aimaient se réunir toute la jeunesse littéraire, artistique, bazochienne. Les temps de Murger étaient encore très proches. Les étudiants de ce modèle-là n'étaient pas tous des fantaisistes. Il toucha à leurs points de réunion. Les gens qui virent le Luxembourg avant que Haussmann ne commençât à le rétrécir, en ont gardé le plus magique souvenir. Une immense étendue plantée, qu'on appelait la Pépinière couvrait alors tout l'espace qu'occupent outre les petits jardinets cultivés qui vont du Luxembourg à la fontaine de la Géographie, l'Ecole de pharmacie. C'était touffu, planté, énorme, plein de circuits, de retraits, commode aux conciliabules. Cela

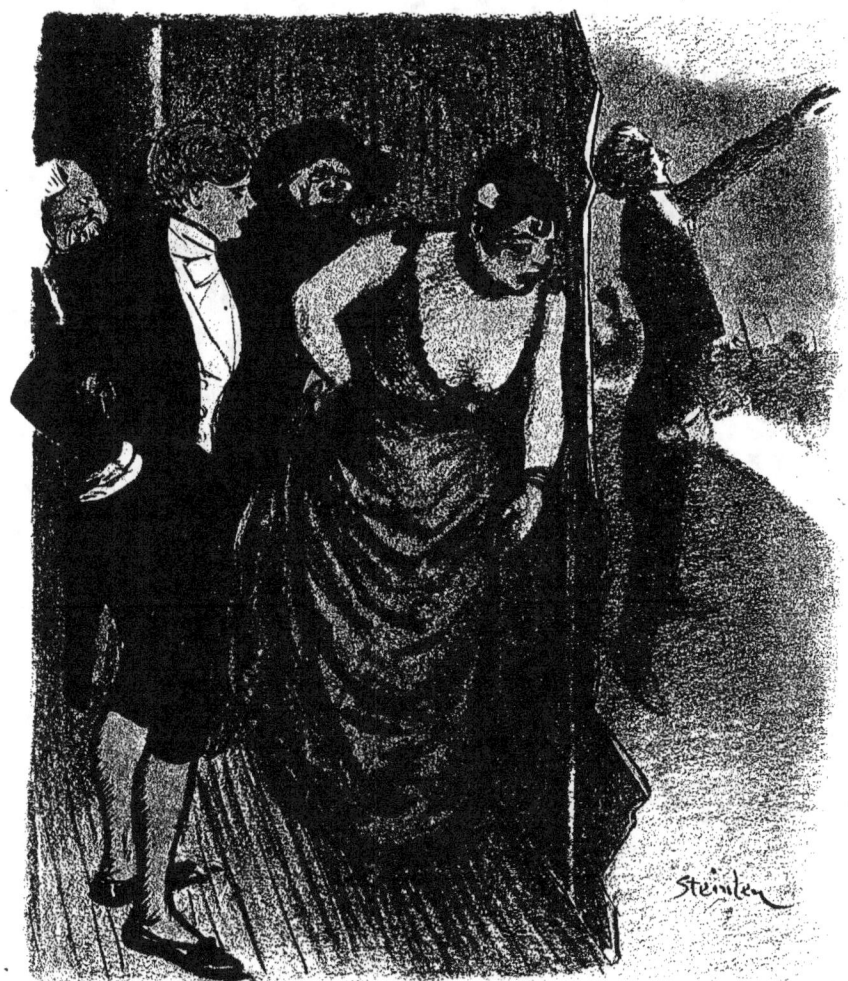

STEINLEN — Un Orphée de beuglant

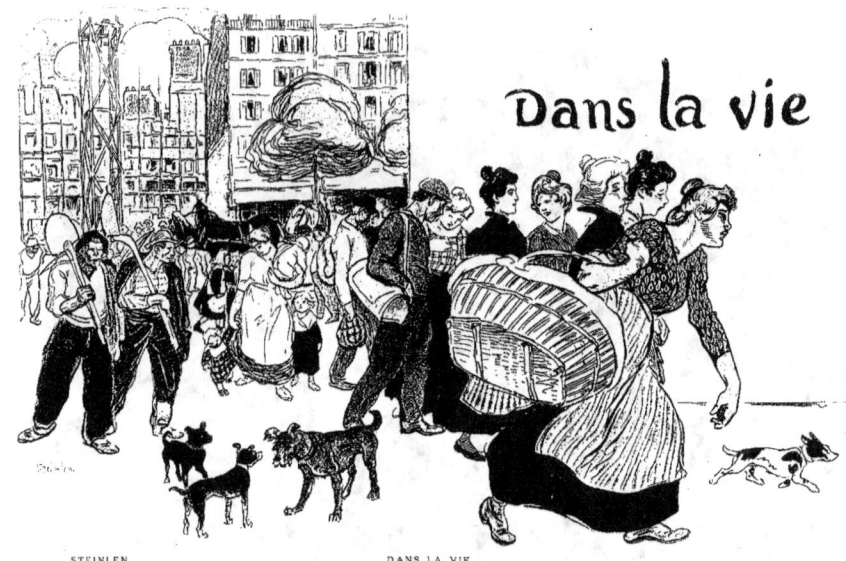

STEINLEN
DANS LA VIE
(Couverture d'un album édité par Eugène Rey)

n'était point propre qu'aux conciliabules politiques, mais aussi aux idylles et même aux ébats amoureux, ce qui permit à Haussmann de cacher son jeu; la morale fut un des prétextes qu'il put alléguer pour toucher à cette arche sainte des poëtes et des peintres, la Pépinière du Luxembourg. Comme devant toutes les mesures vexatoires, il y eut des émigrations. Nombre de Muses et d'adorateurs de la Muse et des Muses, s'en furent à Montmartre. Il n'y devaient point retrouver l'immense jardin, mais des ruelles tranquilles, et le vaste horizon de la Butte.

* * *

Beaucoup d'artistes d'ailleurs ne dédaignaient pas le nouveau Paris. Du grand balcon que la Butte offrait sur la ville avant qu'on ne l'ait surmontée des laides architectures du Sacré-Cœur, les moutonnements des toits, sous le ciel variable et nuancé de Paris ont toujours été admirables. Toute une école nouvelle de peintres naissait, épris de décors clairs. Ceux-là se fixèrent à Montmartre par goût, et les écrivains de cette époque, qui fréquentaient beaucoup les peintres, suivirent. La réputation de Montmartre changea. Avant la guerre, dire à quelqu'un qu'il descendait ou semblait descendre de Montmartre était une injure grave. Pourquoi? parce que Montmartre avant d'être rattaché à Paris, était un village plein de guinguettes et avait à son sommet des moulins. Le Moulin de la Galette où se trouve le bal célèbre en est encore un, et se dresse d'ailleurs comme un symbole de l'évolution de Montmartre. Du temps où ces moulins étaient nombreux, florissants et étaient de vrais moulins, tous les jours, des ânes en descendaient vers Paris chargés de farine. De là l'offense incluse en ce propos et assimilant aux ânes ceux qui descendaient de Montmartre; ce serait maintenant plutôt un brevet d'esprit parodiste et fantaisiste. Etre traité de Montmartrois, sans que cette épithète puisse convenir à des philosophes ou à des penseurs, est devenu une indication d'esprit et de talent.

Cette bohème d'art, sur le fond de laquelle se détachent de grands artistes, cette bohème qui dans la même brasserie sait pailleter le silence par des mots profonds de peintres et des mots frivoles de vaudevillistes, des mots géniaux de jeunes inconnus, des mots amers et pittoresques de ratés qui trouvent quelquefois contre le temps qui les opprime de son indifférence, contre les heureux des lettres et de l'art, des épigrammes vengeresses, avant d'être à Montmartre, elle hanta Montagne Ste-Geneviève. Déjà au XVIIIe siècle alors que Diderot habite rue Taranne, que Robbé de Beauveset loge la nuit au Marais dans les écuries de Soubise, elle grouille aux entours du café Procope. Après, aux temps de la Révolution, de l'Empire, de la Restauration, elle emplit les galeries de bois du Palais Royal, elle se mêle à la prostitution pittoresque du lieu; elle tient ses assises devant les boutiques des libraires, où on feuillète les livres à vignettes. Sous Louis Philippe, le Pays latin la reconquiert; la bohème se loge où vont les puissances pauvres du temps. Elle a été au Palais Royal plein de remous de luxe, de luxure, de fêtes de la chair, au Palais Royal de Camille Desmoulins, elle est revenue au quartier latin, retrouver la jeunesse des écoles, ébats, en cris, en chansons, en amourettes les labeurs de la semaine; Degas observe toute la rue. C'est le peintre de ces boutiques de blanchisseuses, où de grosses matrones dépoitraillées et de frêles jeunes filles supportent l'ardente chaleur et laissent perler la sueur de leur corps, sur le demi déshabillé que la température impose. Degas met en portraits brefs les filles du quartier. Pour les voir il parcourt les music-halls, il fréquente le théâtre Montmartre, où toute une naïve population d'ouvriers, de commis, de grisettes se pâme aux beautés des vieux mélodrames. Monet étudie dans Montmartre des phénomènes de couleurs. Sous la troisième république à la première fête nationale, il constate combien est plus puissant l'effet des illuminations, dans ces ruelles étroites et tortes que dans les grandes avenues! Dans ces rues montantes, les lanternes vénitiennes pavoisent les murs d'admirables reflets lumineux. Il les peindra et c'est sous son pinceau tout un Montmartre merveilleux qui s'allume, un jardin des Hespérides de la lumière. En 1830 quand Gérard de Nerval montait, la nuit, au cour de ses noctambulismes, à Montmartre, il y trouvait quelque guinguette où l'on vendait du vin pris aux pieds de vigne qui poussaient sur la pente de la butte qui regarde la plaine St-Denis.

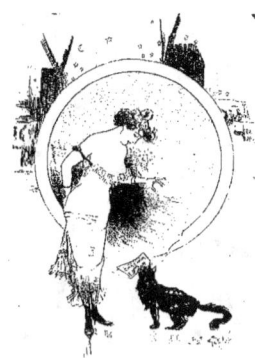

ABEILLÉ.
Délicate attention d'un chat noir qui apporte lui-même à sa maîtresse un numéro du journal de sa corporation.

Il n'y rencontrait guère d'artistes mais simplement de pauvres diables, parfois assez bizarres, souvent peu curieux d'être approchés, car la misère fait fuir l'œil du voisin, et la peccadille du jour, le menu vol d'aliments, le braconnage des poulaillers et des clapiers de banlieue, fait craindre en tout inconnu qui s'approche, l'ombre possible du détective ou du gendarme. Il les charmait de ses contes comme Orphée charmait les bêtes fauves, il avait habitué à lui faire place dans les salles des petits cabarets dou-

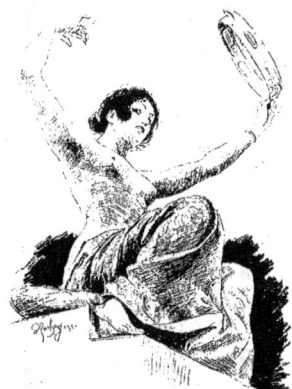

ROCHEGROSSE
MONTMARTROISE

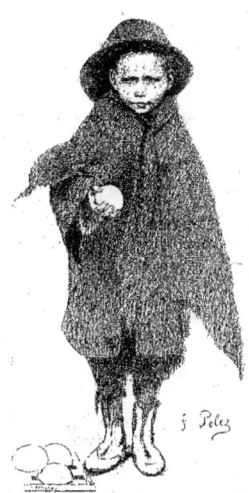

F. PELEZ
ÉTUDE DE PETIT MISÉREUX

les étudiants vainqueurs en 1830, vaincus en 1832, vainqueurs en 1848; elle retourne vers Montmartre sous le Second Empire, parce que le quartier latin est trop surveillé. Courbet, un de ses maîtres hante les deux rives. La brasserie Hautefeuille qui était rive gauche, dans une rue encore maintenant pittoresque, l'entendait rugir ses paradoxes, demander ironiquement aux rapins de l'École des Beaux-Arts où ils avaient vu des anges, et leurs ailes, et des Jupiters et des Dianes. Dans une atmosphère de Kermesse, parmi les joies de la bière et ses reflets d'or et d'ambre, parmi l'épaisse fumée des pipes, qui s'en allait en nuées bleues et grises, il opposait à l'esthétique historique, à la rêverie mythologique aux principes d'art d'essence classique et italienne, la force de son esthétique réaliste, de son contact avec la vérité. Courbet vient un peu des Espagnols, beaucoup des Flamands. Il construit, il dessine, il dessine vraiment sans que rien le surprenne jamais; sans recettes, il dit juste. Son ascendant est si grand que lorsqu'il va vers Montmartre, les jeunes Parnassiens, les nouveaux poètes d'essence classique, qui se réunissent non point à Montmartre, mais presque à mi-côte, à la Brasserie des Martyrs, lui font fête. Tout près de Montmartre à Batignolles, au café Guerbois, les Impressionnistes se rencontrent, c'est Manet, Monet, Cézanne, Pissarro, Degas.

* * *

LES IMPRESSIONNISTES

Ils vivent parmi leur quartier, il le peignent. Degas le découvre et en le découvrant, il pénètre jusqu'à la vie universelle. Tandis que Renoir, plus jeune, d'un talent plus fin, plus léger, plus porté au joli, au délicat, étudie au bal du Moulin de la Galette les petites danseuses, à peine pubères, les trottins, qui viennent le dimanche, oublier en joyeux

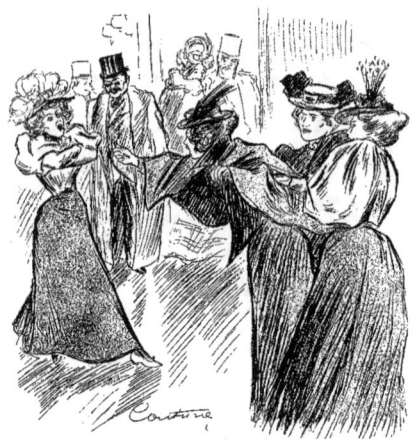

COUTURIER   COUP DE GUEULE
— Laissez-moi saigner ce veau-là!

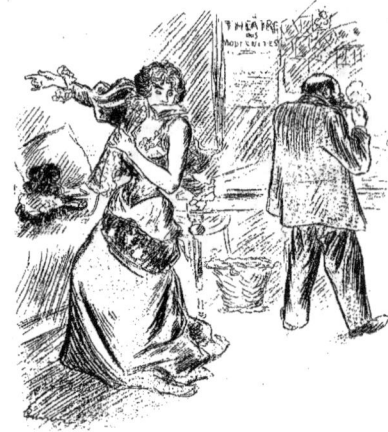

COUTURIER   L'ENGAGEMENT
A sa gueule j'croyais pas qu'une seule audition aurait suffi!

teux, ces Mohicans de Paris, sans cesse en chasse de quelque butin, ce mélange de pègre où voisinaient le pauvre et le rôdeur. Trente ans après, les maisons, les maisons à quatre étages, et les petites villas de rentiers escaladaient la pente; le rapin foisonna, il amena la clarté de sa gaieté, le rire de ses maîtresses, le bruit de ses discussions d'art. Gérard de Nerval venait à Montmartre d'une impasse qui se trouvait perdue parmi les masures qui couvraient alors la place du Carousel. Là, dans une maison quelconque, sans beauté extérieure, tout de même ornée encore de quelques belles boiseries du XVIIIᵉ siècle, la jeune littérature du temps, Théophile Gautier, Gérard, Arsène Houssaye, vivaient avec les peintres; les peintres ont couvert les murs de leur maison de fresques amusantes, de pochades curieuses. Lorenz qui plus tard caricatura son époque, en une curieuse *Vie de Polichinelle*, peignit là Condé lançant à l'assaut de Lérida ses soldats

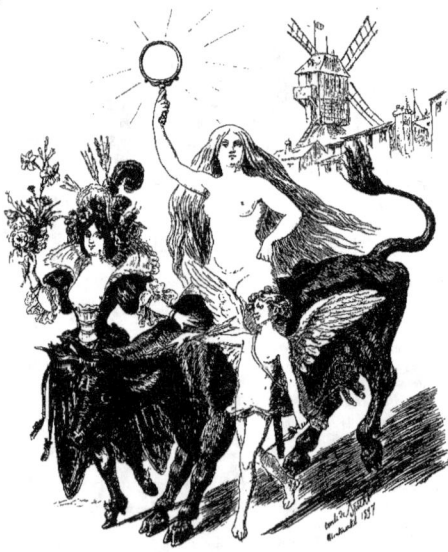

ÉMILE DE SPECHT   LA VACHE ENRAGÉE

précédés des petits violons. Chatillon y a peint un moine lisant ses prières sur la cuisse d'une femme nue. Nanteuil y a jeté ses Silènes. Chacun apportait son paysage, ses pochades. L'Empire a jeté bas le Doyenné, aussi a nivelé la Childebert, une immense maison qui près de St-Germain des Prés, était une ruche sans cesse emplie de la vie bourdonnante de cent rapins. Montmartre a hérité de toute cette vie et où Gérard le soir, buvait son reginglet, à la clarté douce d'une lampe d'Argand dont l'huile fournissait une lumière pâle, Monet jette les illuminations qui dorent la lumière du gaz dans les rues des quartiers populeux, plein de filles et hurlants de marmaille.

* * *

Un roman d'Emile Zola, *l'Œuvre* raconte ces jeunesses travailleuses des peintres. On est épris de grands projets, on travaille ferme, on veut renouveler la face de l'art, interpréter la vie. Les longues sé-

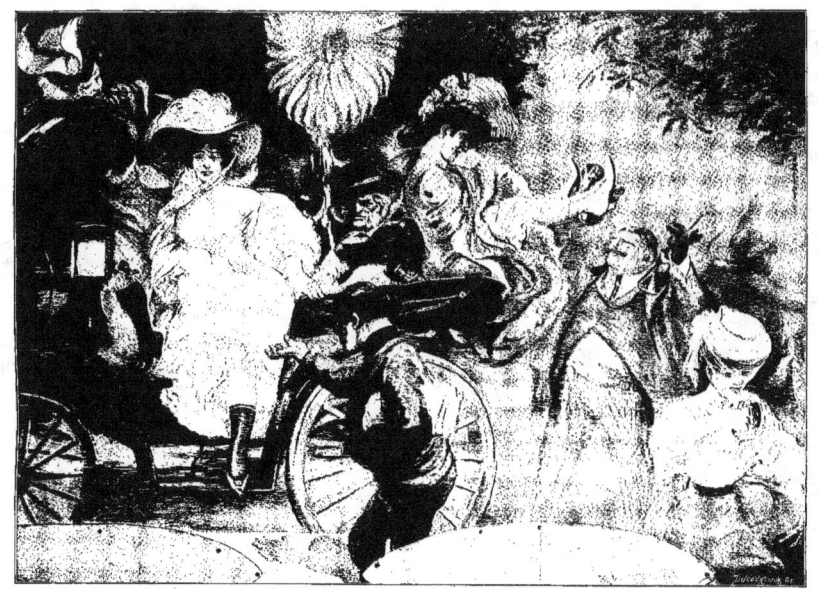

WILLETTE — LE RETOUR DE LA FOIRE DE NEUILLY (Décoration de la Taverne de Paris)

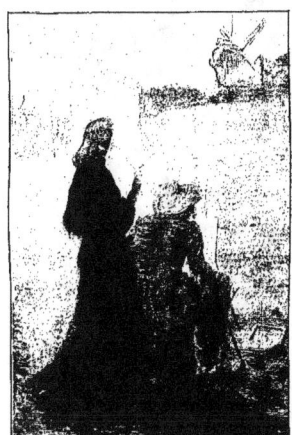

CHARLES LÉANDRE — LA JEUNESSE DU PEINTRE
(Décoration de la Taverne de Paris)

ances de travail ont comme repos, comme contrastes, les conversations paradoxales, les longues soirées de café où les paroles d'espoir et d'orgueil et d'ambition sonnent. C'est la vie de gaieté et de travail, c'est aussi la vie de misère, celle de ce Solari, que Zola appelle Mahoudeau, qui voit un jour de froid, sa pauvreté l'empêchant par les plus rigoureux frimas, de chauffer son atelier, qui voit la statue colossale où il a mis tout son talent et tout son espoir, s'animer pour ainsi dire, s'infléchir vers lui, et tomber sur lui de tout son énorme poids, au risque de l'écraser, brisée et lézardée par l'hiver et à cause de la misère de son créateur! C'est aussi une source d'humour que la misère, et voici une des raisons de toute cette fantaisie de la plume et du crayon qui anime la gaieté Montmartroise, et la rend puissante et contagieuse, quand elle n'est point gâtée par la romance. Les artistes ont vu de tout à Montmartre, de la beauté, de l'élégance, de la misère. Ils l'ont traduit selon leur tempérament, les uns bien, les autres mal, les uns avec acuité, les autres avec fadeur.

***

Il y a surtout deux espèces de peintres à Montmartre. Il y a l'artiste qui travaille à réaliser son rêve. Il y a l'artiste qui cherche à attraper des médailles et qui en fait le moins possible, en dehors de l'envoi régulier et nécessaire au Salon.

Celui-là on le voit, dans la vie de Montmartre partout et à tout moment. Ses séances d'atelier se coupent de nombreuses séances dans les cafés du quartier. C'est lui qui trouve les scies de rapin. Il en est de fort drôles. Il y excelle plus qu'à peindre. Il y a vingt ans, et M. Bouguereau florissait encore, que les rapins de Montmartre avaient trouvé une scie enragée intitulée l'Enterrement de Bouguereau. On entendait dans cette complainte le bruit du tambour, le pas lourd des escadrons

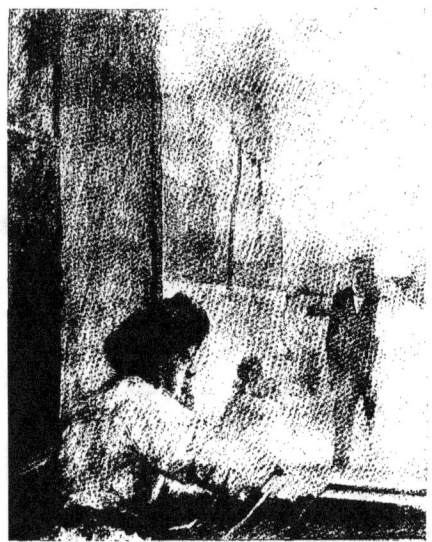

GUIGUET : FEMME A LA FENÊTRE

Parisiennes souples, ses gommeux un peu éberlués, fins tout de même, qu'il a repris à la convention, les personnages de la pantomime pour les restituer à la fantaisie, que parmi les Polichinelles allègres qui font tomber sur le monde enchanté, pour la joie des enfants, la pluie de jouets, il a multiplié ses Colombines, ses danseuses jolies, prestes, charmantes, au sourire énigmatique tout prêt à se laisser induire au rire ou au baiser, papillon posé sur la rose pourpre des belles lèvres, parmi la face blanche de poudre de riz, que blanchit encore la lumière électrique. Aux pieds de cette Colombine, de ces Colombines, Chéret fait soupirer, gambader, d'innombrables Pierrots joyeux et blancs.

Willette a repris le type de Pierrot, il l'a repris avec une belle personnalité, une telle vivacité, une telle franchise, une telle complexité qu'il lui impose sa marque. Il y a d'autres Pierrots, mais il y a le sien. Il y a le Pierrot de Chéret, mais il y a le Pierrot-Willette, différent de celui de Deburau, l'acteur, et du Pierrot des poètes, des Pierrots de Banville, de celui de Laforgue. Il a un peu de tous les pierrots quoique celui de Laforgue ait pu plutôt être influencé par le sien que d'en recevoir la leçon, mais il est bien spécial, et c'est bien le rire espiègle de la fantaisie de la Butte qui écarquille ses yeux, ferme sa bouche et dicte les légendes que Willette mettra au

d'escorte, les discours, les clairons, on entendait ensuite la pompe des funérailles se dispersant dans le lointain. Ce rapin Montmartrois qui excelle aux parodies et aux farces il est souvent clown, il excelle à se déguiser, à se parer: d'où ces fêtes Montmartroises comme le Bal des Quatre'z'Arts; il aime à rire, d'où ces cabarets dans le genre du Chat-Noir.

* * *

LE CHAT NOIR — WILETTE — STEINLEN

Le Chat noir au début, c'est Willette; l'essentiel de son importance est en Willette. Willette apportait dans l'art une note particulière, une nuance nouvelle. Sa formule comme celle de presque tous ceux qui apportent aux yeux de leurs contemporains l'émoustillement de tonalités imprévues, la saveur d'une fantaisie inédite, n'est point sans un grain d'archaïsme. Il se souvient avec bonheur des maîtres du XVIIIe siècle de la facture heureuse, sereine, claire, désinvolte de Boucher, de Fragonard, de St-Aubin. Il se souvient des dessins légers qui sont comme un amusement du crayon se posant à peine sur le papier, il se souvient aussi de la gamme des anecdotes, un peu galantes, un peu espiègles, parfois un peu touchantes, car Greuze aussi est du XVIIIe siècle. Plus près de lui, Willette a un ascendant. Quand Willette débute, il y a déjà plusieurs années que Chéret a multiplié sur les murs de Paris, ses danseuses agiles, ses

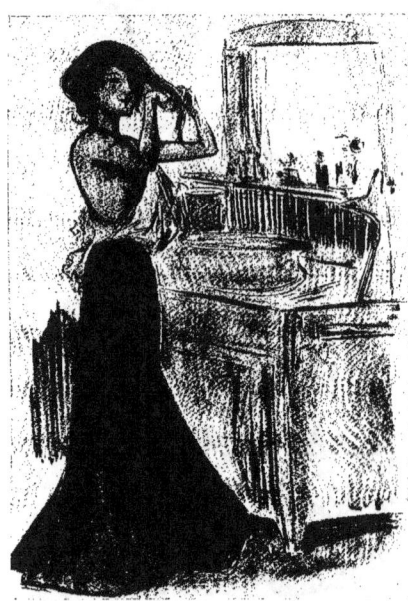

TRUCHET   FEMME A LA TOILETTE

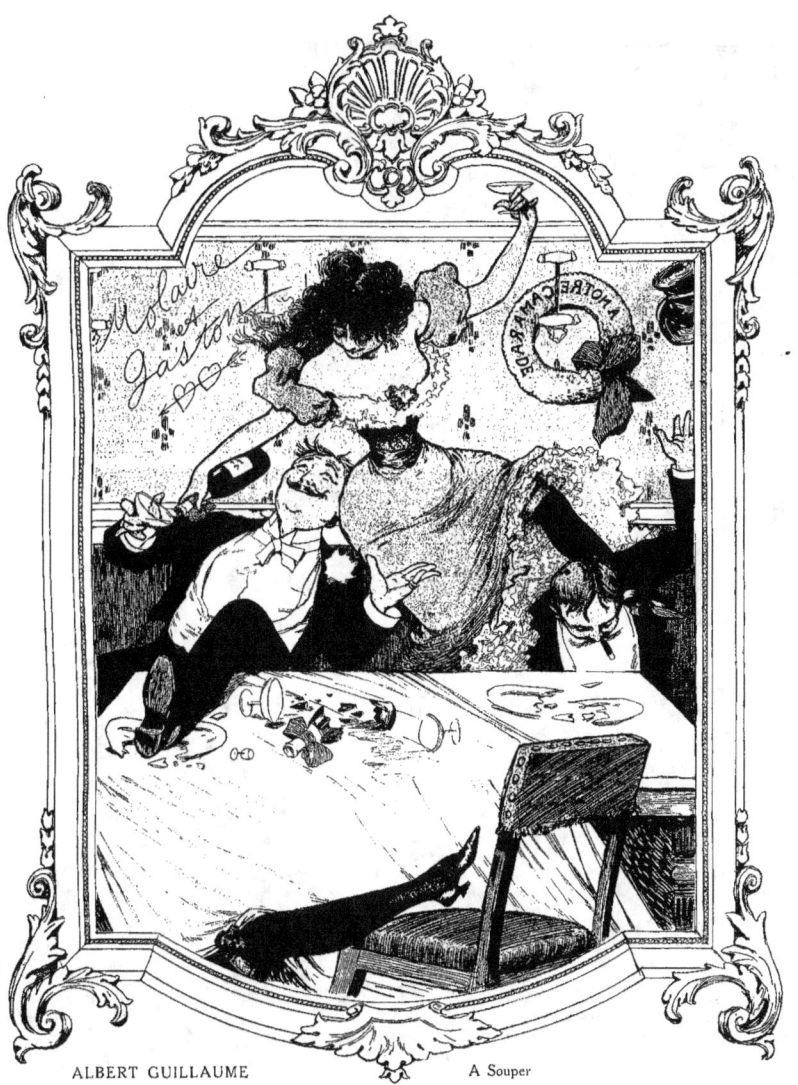

ALBERT GUILLAUME — A Souper

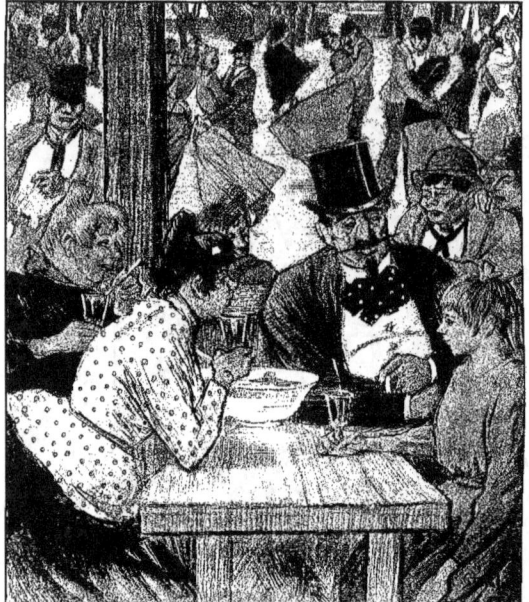

STEINLEN — AU MOULIN DE LA GALETTE

qui veut devenir une grande courtisane. Et en attendant, elle a toujours Pierrot, Pierrot loustic, mais aimable et bon, pittoresque et curieux, naïf et perspicace, simplet et plein de philosophie. N'est-ce point parce qu'il est tout candide et tout blanc, qu'il adore boire avec les croquemorts qui sont tout noirs, sauf la face qui est blême et le nez qui étincelle de vermillon et d'écarlate? Mais s'ils ne sont pas beaux, la philosophie, la saine philosophie éclate dans leurs propos et aperçus. Personne ne boit mieux qu'eux, ni de meilleur cœur parce qu'ils savent mieux que personne que la vie est courte; personne n'est aussi insouciant qu'eux, puisque personne ne vit comme eux, parmi la mort. Le croque-mort est fataliste, aussi Pierrot et Colombine ne dedaignent-ils point de s'asseoir près de lui, et lorsque le vin de Pierrot le rend mélancolique et l'incline à s'attendrir sur la brièveté de l'existence, Pierrot a tout près de lui cet exemple de forte sagesse.

La Colombine de Willette aime aussi à battre les chemins avec les postillons des vieilles diligences qui ont de larges bottes et des chapeaux cirés à la cocarde desquels pend une magnifique touffe de rubans multicolores. Souvent pour courir cette prétentaine, cette Colombine laisse de côté le costume coquet et court de Colombine, ou plutôt simplement elle le modifie; elle garde la petite jupe, mais elle met sur sa tête un bonnet phrygien et alors c'est, si vous voulez, la République, la France, ou plutôt c'est l'esprit français d'après Willette,

bas de ses dessins. Tout ce Montmartre de Willette, Pierrots et Pierrettes est secoué d'un mouvement fou. Il est bien rare que la jupe de la Pierrette ou de la Colombine (c'est la même chose pour Willette) tombe à plis droits et tranquilles; d'abord elle est très courte et ne saurait avoir l'aspect majestueux d'une robe, ensuite très souvent le vent qui vient caresser les jambes des Pierrettes, s'amuse à retrousser les cotillons à faire apercevoir le plus possible des mollets ronds et des jupes ennuagées d'un peu de dentelle, si peu, mais il y en a. La Pierrette n'est point équipée à la paysanne. Avec un rien, un ruban, un bout de caloquet elle se fait son élégance. Si elle se promène souvent avec un carton sous le bras, c'est que la dureté de la vie et la pénurie de grosse fortune chez ses parents l'ont réduite à l'humble situation de trottin, mais ce n'est pas pour longtemps. Si on ne voit plus de rois épouser des bergères, on voit en revanche, beaucoup de banquiers offrir à des trottins magnifiques, l'hôtel coquet et la voiture fringante. C'est sur les ailes de la joie et de l'espérance que s'envolent les trottins de Willette. Elles ne marchent pas, elles s'élancent, vers où? vers la fortune, la gloire, l'amour! à défaut des multimillionnaires américains, le peintre n'est-il pas là, pour offrir un coin de son cœur et de son atelier, en auberge de bon présage, à la petite amoureuse

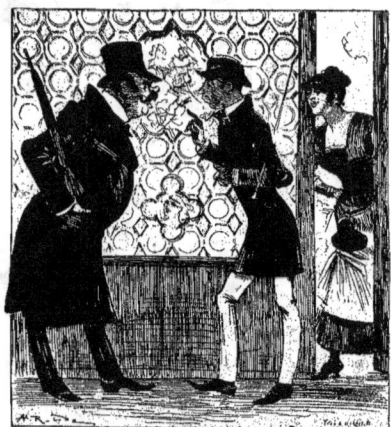

A. ROBIDA
— Je te pince encore à fréquenter les brasseries. — Papa c'est pas pour ce que tu crois, c'est pour étudier l'archéologie!

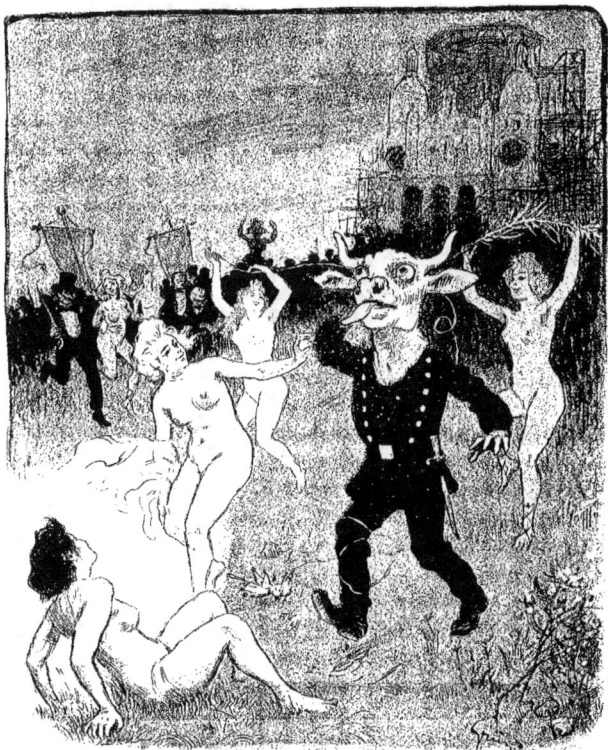

GRÜN — RÉCRÉATION
La tête de vache est en carton, elle est faite par la Maison Hallé; les costumes sont de la Maison Nicolle.

l'esprit de Gavroche, tout trempé, comme on sait, des plus saines philosophies, celles que la vie apprend, loin des livres, à ceux à qui elle n'a point réservé de berceaux dorés. Elle a pour elle, cette petite Parisienne, la gaieté, la sveltesse, la joliesse, une beauté, qui si le Diable existait, viendrait certainement du Diable, puisque c'est un ensorcellement subtil et souriant qui affole Pierrot, le pauvre représentant douloureux du sexe masculin; elle a la santé du rire et l'appel physique vers la joie. Petites, menues, bien cambrées, ces fillettes de Willette claironnantes de la voix, épanouies du sourire, elles sont bien l'étincelle ardente qui passe devant les désirs de l'homme, ou vient allumer d'une simple approche toute sa sensualité; au surplus, filles de bohème, aimant, riant, sans façon, ingénues et perverses tout à la fois comme il convient à de prudentes petites personnes qui viennent du XVIIIe siècle et ont ajouté à leur expérience tout ce que peut y adjoindre un clair regard jeté sur le XVIIIe arrondissement, et son voisin le IXe! Prudentes elles le sont, mais seulement depuis que leur bonnet a voltigé, ivre de liberté et d'air pur, par dessus les Moulins, par dessus le Moulin de la Galette.

C'est à peine si elles ont cherché à le retenir. Elles ont une vague idée, depuis leur toute jeunesse, que leur vraie vie ne commencera qu'après que ce bonnet aura disparu, bien loin, bien loin, ou se sera accroché si haut, aux ailes du moulin que ce serait chimère de penser à l'y aller chercher. Elles disent si complètement Montmartre dont elles sont les fruits veloutés et Pierrot dit si complètement Montmartre, lui qui représente les candeurs de tous ceux qui y viennent, et les désirs de tous ceux qui y sont nés, qu'il est inutile à Willette de dessiner le décor, pour situer ses personnages. Dans ses toiles, il se borne à indiquer au loin les ailes du Moulin qui tourne, emportant les menus pantalons ornés de dentelles, où il peint des toits, des toits sur lesquels court un sabbat de chats amoureux; on sait toujours que c'est Montmartre, ces endroits non point de vice, mais de candeur ingénue qui compte le baiser parmi les biens et non parmi les maux. *Parce Domine!* dit Willette, en titre de cette grande toile qui ornait les parois du cabaret du Chat Noir, et dont l'État pensera à faire un jour l'ornement d'un Musée! Evidemment Willette, un peu pieux, un peu sceptique, un peu crédule, un peu tourmenté comme l'est Pierrot, dira à son Dieu: « Pardonnez-leur, parce qu'elles ne savent ce qu'elles font », mais il considère comme tout-à-fait établi et de règle certaine, qu'elles n'ont pu avoir tort, car pour commettre le péché, encore faut-il pouvoir se douter de ce qu'est le péché, car autrement on ne fait qu'obéir aux appels impérieux et aux ordres catégoriques de la nature.

* *

Il est très-vrai, ce Montmartre de Willette, qui consiste en ce si simple décor des passages alertes de belles filles, il en est d'autres qui sont vrais aussi. Le boulevard de fête s'enfonce dans les quartiers ouvriers, et tout autour de Montmartre, la misère grouille, les raidillons, les étages d'escaliers interminables

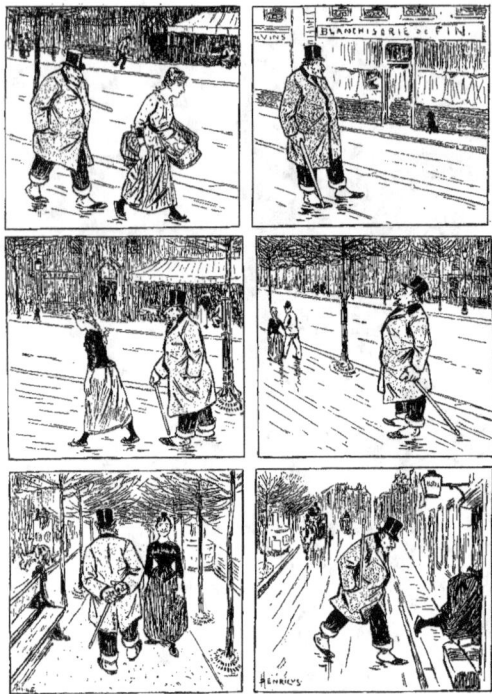

HENRICUS — FAUTE DE GRIVES

Second Empire, à coup sûr après la guerre alors que la littérature préludait à doter Montmartre d'une forme satirique curieuse, propre, personnelle, d'accent populaire et faubourien. Déjà Chatillon avait commencé par la célèbre *Levrette en Pal'tot*, amusement dans une œuvre qui compte plusieurs volumes de vers, mais qui a débordé l'œuvre, est arrivée à la couvrir si complètement que ce petit poème est devenu comme le Sonnet d'Arvers de Chatillon. André Gill continua, qui avec Gramont publia la Muse à Bibi. Le sens même de la tentative c'était d'appliquer à l'expression des sentiments populaires, l'accord, le ton, les mots même du peuple et de ne point reculer devant l'argot, les modèles antérieurs du genre, les scies de rapin, les chansons d'atelier. C'est de là, en partie que vient Richepin, tout au moins le Richepin fantaisiste de la chanson des gueux, celui qui chante le *Vénérable*.

« Malgré ce que pouvaient dire les envieux,
Quoiqu'il fut de ces gens sans habits de dimanche,
Qui se peignant des doigts, se mouchent de la manche,
Quoiqu'il portât parmi sa barbe et ses haillons
Une odeur de sueur ancienne et de graillons ;
Quoiqu'il eût pour garni, l'hôtel de la grande Ourse
Cet égorgeur de poche et dégraisseur de bourse
Quoiqu'il fut d'un aspect, sinistre et scandaleux,
Marmiteux, vermineux, teigneux, rogneux, galeux,
Rouge comme un abcès, rongé comme une dartre,
Il récoltait des coups de chapeau dans *Montmartre*;
C'était un vieux roublard, un antique marlou. »

Sur les pentes qui montent de la plaine St-Denis à Montmartre, le type n'en est pas rare. Montmartre

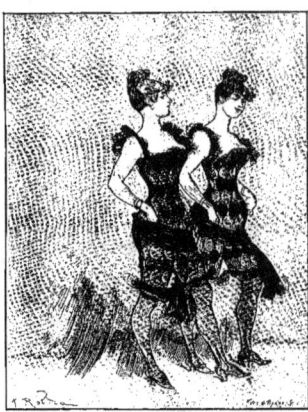

A. ROBIDA — CARNAVAL
Moi, maman me l'a toujours dit, des gens, qui restent si convenables que ça, faut que ça soye bien pané !

passent par les ruelles lépreuses, où les guinguettes louches voisinent aux terrains vagues mal hantés. Les maisons vastes, sont remplies de logements étroits, insalubres, où trop de gens habitent un trop petit espace. C'est dans ces coins de Montmartre que Steinlen a cherché la plupart de ses modèles, c'est aussi à Clignancourt qui plaque à Montmartre ses maisons hautes, bourrées de ménages ouvriers. Ces filles du peuple, ces ouvrières de Steinlen, il en est de passives, il en est de révoltées ; leur regard noir, leur geste tendu, leur bouche béante de fatigue, ou criarde, les classent parmi les parias et les souffrantes de la société qui décline. Par leur silhouette Steinlen formule les impatiences populaires et les sourdes colères des quartiers pauvres. Il ne s'attarde guère aux aspects de vice. Ce peuple de Steinlen, c'est exactement le contraire de celui de Forain. Les deux tendances sont d'ailleurs complètement contradictoires et opposées.

Forain vient de l'Impressionnisme. Il se rattache à Degas ; il en a senti l'influence, comme Lautrec et bien avant Lautrec. Forain fut le jeune rapin de l'impressionnisme, le railleur et l'ironiste du groupe. Forain est le plus ancien des artistes qui ont traduit le grouillement et la gouaille de la Butte, par le crayon et la légende de la caricature. Les plus jeunes n'ont connu que le Chat Noir, lui la Brasserie des Martyrs. Peut-être l'y vit-on très jeune sous le

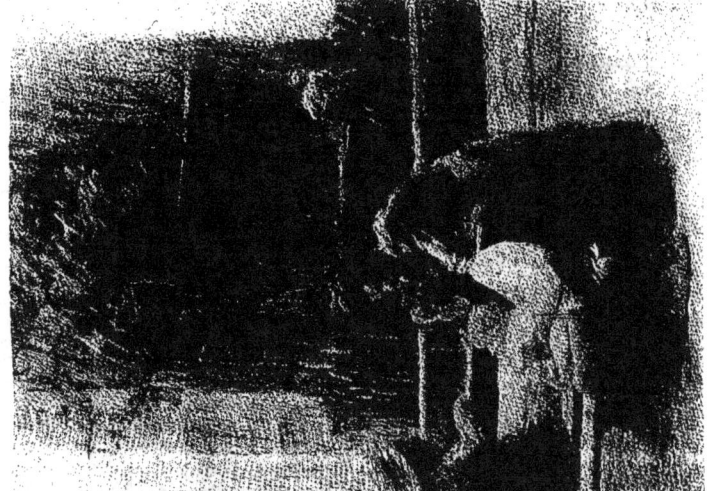

GUIGUET — PLACE RAVIGNAN

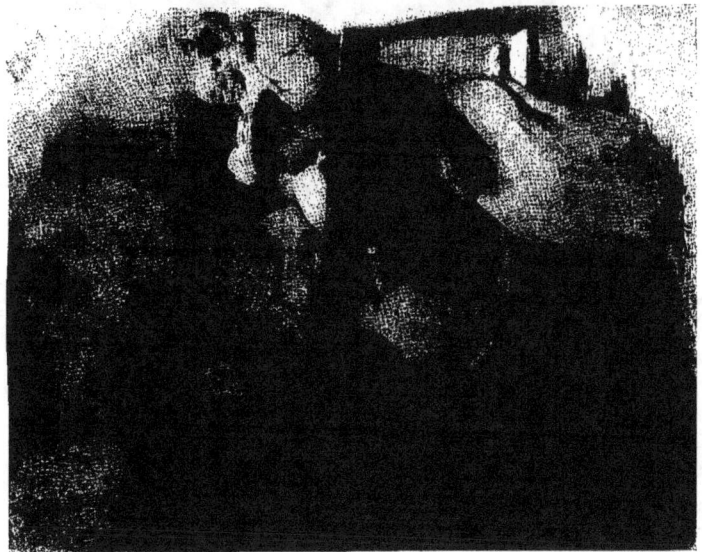

GUIGUET — PLACE RAVIGNAN

a parmi ses ragouts de vice, le vice terrible et hasardeux et le danger. La rue des Saules possède le cabaret des Assassins; par là les figures louches ne manquent point, les gars à chemise molle, cravate claire, espadrilles silencieuses et nonchalantes. Le crime se tapit toujours à côté de la misère et de la prostitution, et tous deux s'entr'aident. Parmi ces rues montantes, calmes, placides, ruelles de campagne pour ainsi dire, avec leurs hauts murs blancs que surplombent les panaches des arbres et leurs maisons à petits étages qui paraissent des pavillons d'une vieille architecture bonhomme et tassée, tel pastel de Morin vous montre les peintres et leurs maitresses qui passent en chantant; on dirait que toutes les cigales de la fable se sont réunies pour profiter d'un coin de la ville, où les fourmis n'ont point encore accumulé les maisons de rapport, les blocs étouffants de six étages avarement découpés en petites cases. Aux mêmes endroits tout à l'heure, passeront les figures les plus dangereuses. Montmartre a eu son maquis, amas de roulottes sur un terrain vague, qu'entame de plus en plus la rue Caulaincourt; il y a aussi le maquis de ses passages, de ses impasses, entrecroisées, sombres, bordées d'hôtels sang de bœuf, devant lesquelles se promènent mécaniquement des figures de Rops ou de Guys.

Richepin y fait allusion. Forain y touche, Steinlen les voit, Steinlen en marge de son hymne ouvrier, note ces figures bizarres, il y joint les faciès maigres de bohêmes bizarres de vie et de profession indécise. Forain n'hésite point à monter l'escalier sombre, éclairé à peine par la tremblotante bougie qui ne demande qu'à s'éteindre. Avec impartialité il admet que l'escalier du bouge vient d'être monté par des émules de Pranzini, ou que les entrepreneurs de plaisir tarifé, attendent la minute de

WILLETTE
La Parisienne: „Pierrot blanc, Pierrot noir, je vous fais chevaliers du Clair de Lune; allez, boycottez et amusez-moi!"

délester convenablement le *pante*, que ses passions mettent à leur portée. Cette grande fille de Steinlen, qui sur les berges de Seine, maintient de ses fortes mains un bourgeois affolé qui se repent d'avoir suivi en cet endroit désert l'appel de sa chair, tandis que deux escarpes arrivent sur leurs espadrilles, en silencieux pas de course, elle a ses pareilles à Montmartre, dans le lacis des rues noires qui restent comme une tumeur au flanc de la cité. Mais Forain cherche davantage ses modèles dans une catégorie un tantinet plus haute de la classe dangereuse. Le héros de la comédie humaine de Forain, c'est l'argent, c'est lui qui déforme tout, c'est lui qui guide comme un phare, toutes les habiletés des filles de Montmartre. Pour avoir un hôtel pour soutirer une petite pièce d'or, les moyens sont les mêmes, et s'adressent aux mêmes appétits. Forain, pour accentuer les légendes où cette vérité est mise en œuvre, a soin que ses figures de filles aient entr'elles un air de ressemblance. Assurément tous les artistes y sont sujets, chacun mettant dans son dessin un coin de son rêve de beauté ou de sa conception familière du masque humain. Mais Forain insiste. Le type de femme de ses dessins est d'une grâce souvent canaille. Tout en recherchant dans les figures quelque chiffonnage et quelque malice, il ne pousse pas au joli; au contraire il n'hésite jamais devant quelque moue canaille de la lèvre, devant un arrangement de la coiffure qui accentuera le déluré de la physionomie. Rien de moins conventionnel au début de son art, que cette silhouette féminine; si elle est actuellement un peu banalisée, la faute n'en est qu'au gros labeur de l'artiste et à l'attention qu'on lui a prêtée.

* *

L'ART ET LE BEAU

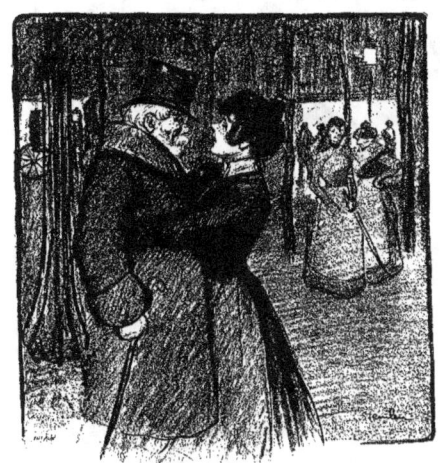

STEINLEN — BOULEVARD EXTÉRIEUR

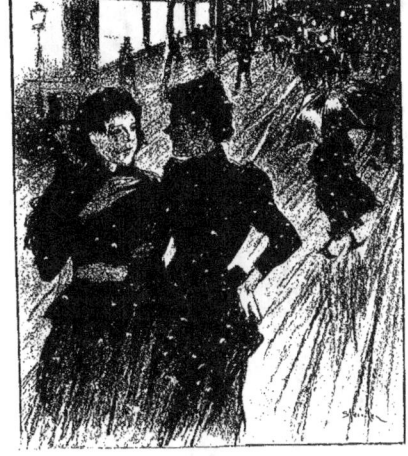

STEINLEN — BOULEVARD EXTÉRIEUR

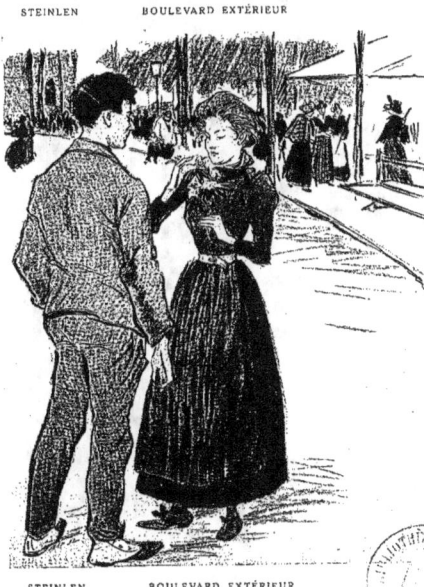

STEINLEN — BOULEVARD EXTÉRIEUR

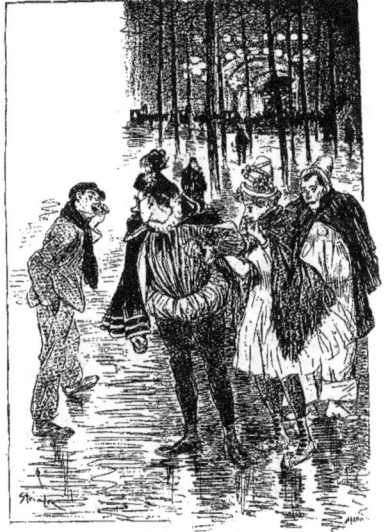

STEINLEN — FIN DE FÊTE

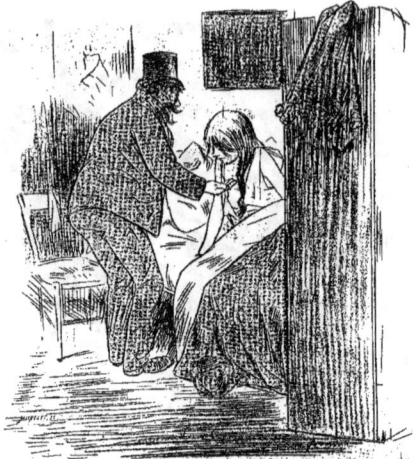

J.-L. FORAIN
— Qu'est — ce que c'est qu'ça? (Le peintre). — C'est soixante-quinze francs
... j'ai vendu ton dos — et avec le cadre!

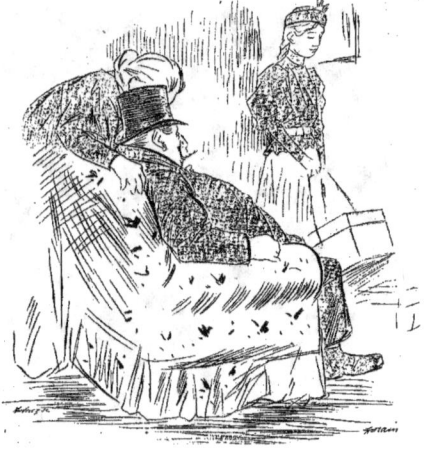

J.-L. FORAIN
— Baron, dites donc à ce p'tit singe qu'elle est trop jolie pour être modiste!

LE MONTMARTRE SIMPLE DE GUIGUET

Willette, Morin, tous ceux qui font de Montmartre une transcription un tantinet féérique n'ont pas besoin de cette incisivité du trait. Greuze peut intéresser les uns, Guys et Gavarni influer davantage sur les autres. Parmi ces notes de transcription pure, il en est une, très simple, très claire, très différente. C'est celle de François Guiguet. Guiguet est un peintre ardent, ému, simple qui a longtemps observé Montmartre. Seize années durant, de la fenêtre de son atelier, sis au rez-de-chaussée, de la place Ravignan, il a pu regarder de tout près et dessiner sans cesse les êtres d'un Montmartre curieux à force de simplicité; le Montmartre des marmailles et des vieilles dames. Guiguet, d'origine dauphinoise, retrouvait à cette petite place, les silences et les calmes des petites villes de sa province lointaine. Il a peint le Montmartre petit bourgeois, le Montmartre ouvrier, le Montmartre honnête. Il se rapproche par quelques points de Steinlen. Mais la façon emportée de Steinlen l'attire au pamphlet. Guiguet c'est la réalité reflétée au miroir. Guiguet attire à lui tous les éléments qu'il a pu trouver à Montmartre, de grâce naturelle et de joliesse simple, sans affèterie, ni fadeur. Il groupe les femmes sur des petites places; assises sur un banc, tout en causant, tout en surveillant le marmot qui bave de joie en tendant ses bras courts, vers la lumière, elles bavardent. Elles bavardent sans fin. Par leur genre de vie, elles sont à mille lieues de ce

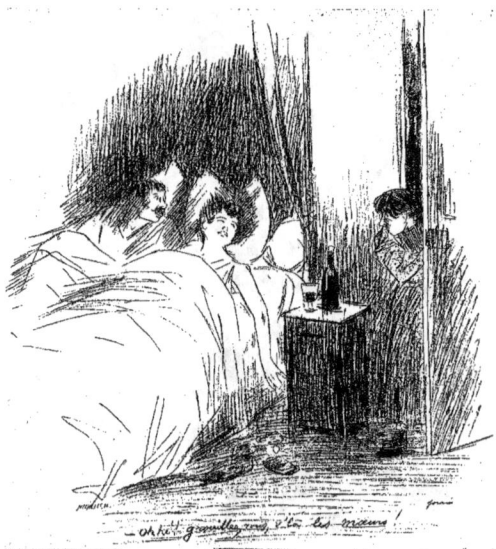

J.-L. FORAIN — FÊTES GALANTES

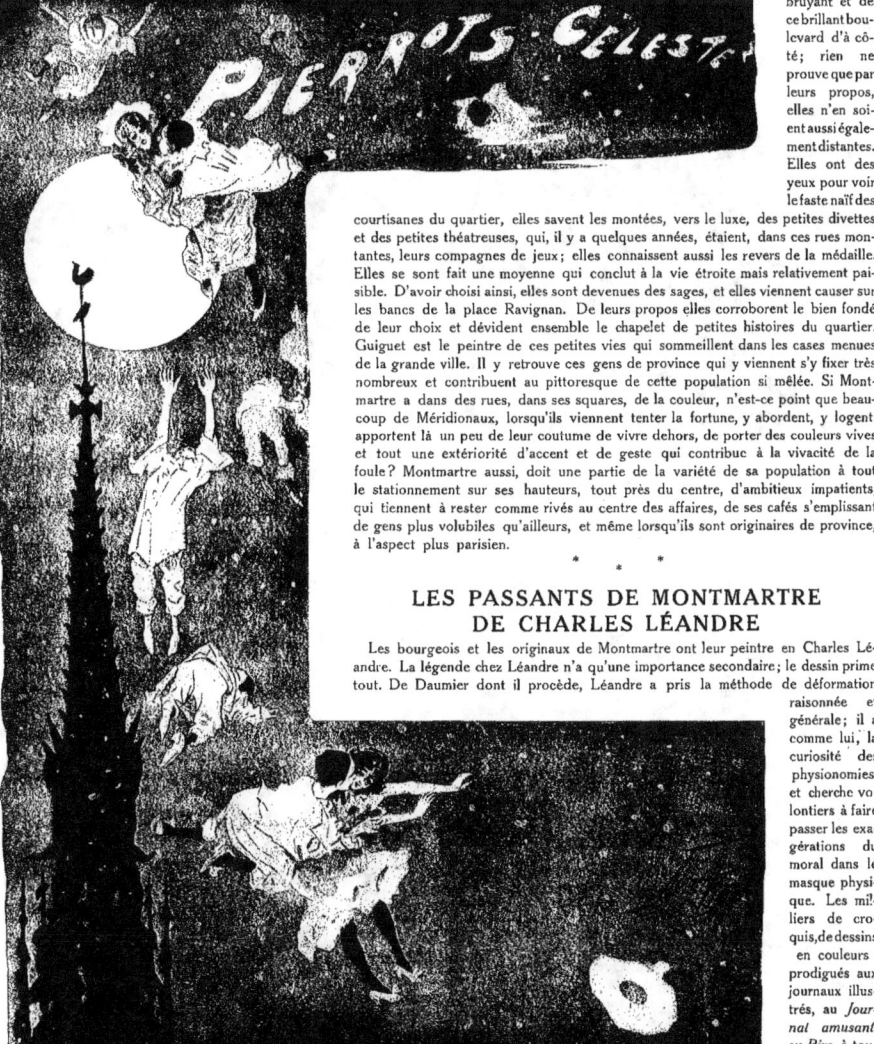

bruyant et de ce brillant boulevard d'à côté; rien ne prouve que par leurs propos, elles n'en soient aussi également distantes. Elles ont des yeux pour voir le faste naïf des courtisanes du quartier, elles savent les montées, vers le luxe, des petites divettes et des petites théâtreuses, qui, il y a quelques années, étaient, dans ces rues montantes, leurs compagnes de jeux; elles connaissent aussi les revers de la médaille. Elles se sont fait une moyenne qui conclut à la vie étroite mais relativement paisible. D'avoir choisi ainsi, elles sont devenues des sages, et elles viennent causer sur les bancs de la place Ravignan. De leurs propos elles corroborent le bien fondé de leur choix et dévident ensemble le chapelet de petites histoires du quartier. Guiguet est le peintre de ces petites vies qui sommeillent dans les cases menues de la grande ville. Il y retrouve ces gens de province qui y viennent s'y fixer très nombreux et contribuent au pittoresque de cette population si mêlée. Si Montmartre a dans des rues, dans ses squares, de la couleur, n'est-ce point que beaucoup de Méridionaux, lorsqu'ils viennent tenter la fortune, y abordent, y logent, apportent là un peu de leur coutume de vivre dehors, de porter des couleurs vives et tout une extériorité d'accent et de geste qui contribue à la vivacité de la foule? Montmartre aussi, doit une partie de la variété de sa population à tout le stationnement sur ses hauteurs, tout près du centre, d'ambitieux impatients, qui tiennent à rester comme rivés au centre des affaires, de ses cafés s'emplissant de gens plus volubiles qu'ailleurs, et même lorsqu'ils sont originaires de province, à l'aspect plus parisien.

* * *

LES PASSANTS DE MONTMARTRE DE CHARLES LÉANDRE

Les bourgeois et les originaux de Montmartre ont leur peintre en Charles Léandre. La légende chez Léandre n'a qu'une importance secondaire; le dessin prime tout. De Daumier dont il procède, Léandre a pris la méthode de déformation raisonnée et générale; il a comme lui, la curiosité des physionomies et cherche volontiers à faire passer les exagérations du moral dans le masque physique. Les milliers de croquis, de dessins en couleurs prodigués aux journaux illustrés, au *Journal amusant*, au *Rire*, à toutes les feuilles

MAURICE NEUMONT   LA VACHE ENRAGÉE

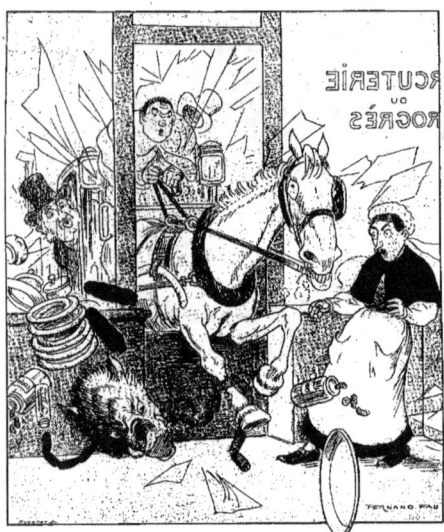

FERNAND FAU   VISITE IMPRÉVUE
— Madame! Il y a du monde dans la boutique.

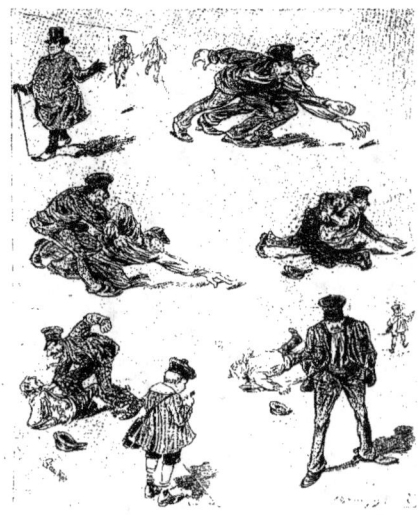

GODEFROY   LE MÉGOT

satiriques, ont répandu ses types de bourgeoises mamelues, flanquées de filles maigres, suivies de maris sans influence sur le geste débordant de leurs moitiés. Lorsque Montmartre se met en fête et que l'esprit rapin s'unit à la fantaisie des écrivains humoristes pour organiser quelque réunion, quelque solennité joyeuse, qui fera tomber quelques écus dans l'escarcelle d'artistes pauvres, d'invalides de la gaieté, c'est Léandre qui est, le plus souvent, le centre de tout ce mouvement. Récemment au Bal Callot, ainsi nommé parce que donné au profit de la caisse des Humoristes il devait rappeler par des détails de costumes, et de cortèges, le temps de Callot, Léandre, déguisé en écholier du vieux temps, dessinait des portraits (le portrait de tout venant qui mettait son obole dans la caisse des pauvres), en une baraque soigneusement aménagée, comme quelque taudis de sorcière, ou de bohémiens à la Callot. Il ne se plut guère, en ce Montmartre qu'il aime et qu'il habite à reproduire les architectures, les plans des rues, le grouillement des foules. Il procède par portraits, par scènes groupant quelques figures ingénieusement choisies parmi les plus caractéristiques et souvent parmi les plus connues? Un tableau de lui réunit autour d'une table de joyeux festin, les plus connus de ces chansonniers Montmartrois qui sont pour un peu, pour très peu dans le renom d'esprit de la butte. Quelle que soit leur valeur, les peintres, par le portrait, par l'affiche, par la caricature, en ont donné les traits principaux. Ils font partie du pittoresque de la butte puisque leurs boniments et leurs musiquettes attirent les snobs, vers les établissements où ils fonctionnent. Le premier je crois, Toulouse-Lautrec, dessina sur les murs, la forte carrure d'Aristide Bruant et sa mise prétentieuse. Montmartre a ses faiblesses, il accepte l'art grossier et il ne craint pas la romance. De là, le succès d'un Bruant ou d'un Botrel. Qu'on ne cherche point dans Bruant la moindre trace des qualités d'expression narquoise et vivante, de la sonorité argotique d'un Richepin, qu'il imite, sans évoquer son souvenir. Paris s'était plu à s'entendre dire des vérités, d'un ton un peu âpre par les humoristes

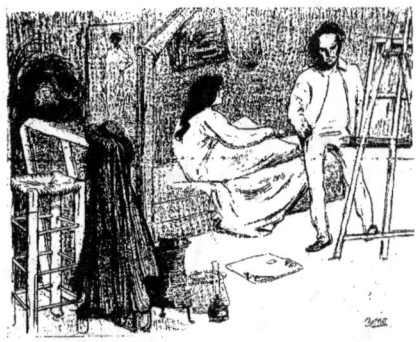

BERTERET   HEUREUX MÉNAGES
Tu diras ce que tu voudras! Il en faut une santé pour aimer un peintre.

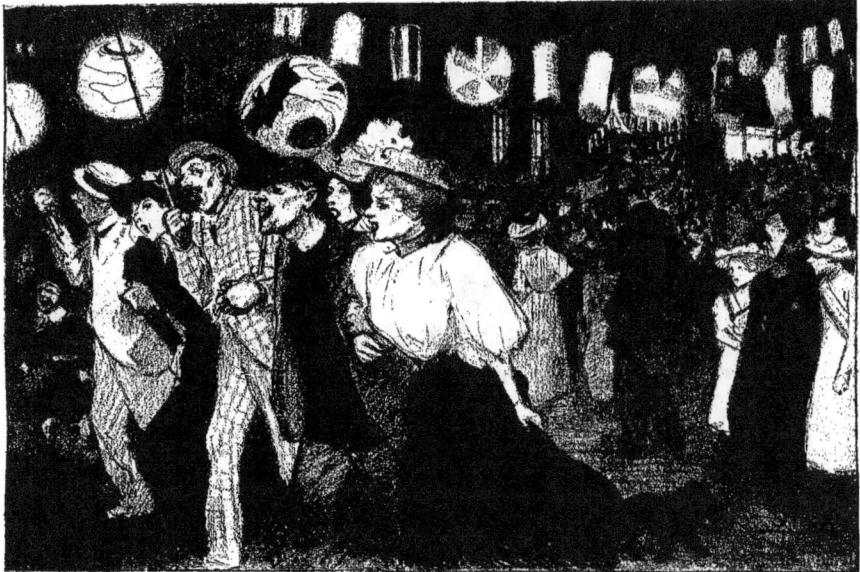

STEINLEN — 14 JUILLET

et les dessinateurs Montmartrois. On ne l'avait pas flatté, il prit plaisir à cet irrespect. On vint voir ces sceptiques, ces satiriques, ces ironistes. Quand une mode prend, elle va jusqu'au bout, et l'on alla voir en son cabaret, Bruant en son costume mixte de terrassier et d'égoutier. On trouva très drôle que ce cabaretier ardent à la recette, accueillit ses clients par de grossières injures, c'était un bain d'air méphitique qu'on allait respirer un quart d'heure, un grossier assaisonnement d'une tournée de cabarets, qui offrait tout de même quelques agréments un peu plus relevés, car parmi les chansonniers, il en est quelques uns de spirituels, et souvent leur petite gazette de Paris et la menue fronde qu'ils mènent contre les puissants du jour, offrent un caractère de franche et hardie plaisanterie. L'affiche de Lautrec gardera pour les collectionneurs cet aspect de Bruant qui d'ailleurs a été repris. Il fut un instant, avec le marchand d'olives poëte, Sarrazin, un des ornements pittoresques de la butte. Mais Sarrazin ne se déguisait pas. Botrel en barde breton et Bruant dans son costume mixte ont été les deux masques de Montmartre et ses deux éléments de carnaval quotidien et encombrant.

Léandre excelle à saisir les différents types de l'artiste de Montmartre; à la Taverne de Paris dont certains panneaux décoratifs émanent de son pinceau, il a placé, comme un contraste, l'artiste Montmartrois débutant, et l'artiste Montmartrois arrivé. Le débutant est assis dans un terrain vague, tout près de ces solitudes crayeuses où passe maintenant la rue Caulaincourt, et il peint ce Sacré-Cœur qui surplombe toute la colline, et que l'on voit de partout, ubiquiste et affligeant comme une autre Tour Eiffel. Mais les peintres, après de vives protestations au début, contre ce qui varie leur horizon, finissent par prendre assez bravement leur parti de tout. La masse architecturale du Sacré-Cœur, sa formule grossièrement byzantine, est lourde; soit. Les panoramas de carton-pâte, les magasins de vilains objets conçus selon l'esthétique de la rue Saint-Sulpice ont contribué à enlaidir étrangement ce coin de la terre. Soit! mais la lumière glissant sur les grands blocs de pierre, venant sourire sur les coupoles, offre de jolis effets, et le peintre se met tout de même à les peindre.

Derrière le rapin, au chapeau pelé, enfoncé sur la tête en caloquet de feutre, et attentif à observer ses valeurs, Léandre a figuré la muse du peintre. Grande, svelte, le front caché par les bandeaux botticellesques, elle a de l'accent et du caractère. On saisit que c'est une bonne fille qui pour plaire au peintre, s'ingénie à s'équiper dans le style artiste. Plus tard, et c'est le sujet du second panneau, quand le peintre arrivé au succès, ne peint plus le Sacré-Cœur, ni sa pauvre muse naïve, un peu ridicule peut-être, mais de ridicule touchant, c'est une grosse bourgeoise ventrue, qu'il poncera dans un intérieur riche, cossu, ou tout paraît ventru. C'est la fin de la Bohème, mais aussi du caprice et aussi du talent; sans doute mieux valait le temps où le rapin essayait de saisir la menue nuance de clarté qui lui

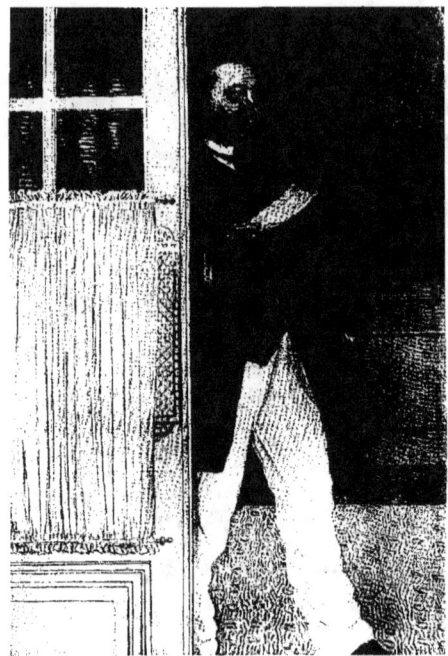

ABEL FAIVRE
DÉCORATION DE LA TAVERNE DE PARIS

ment le cachet, se transportant de cabarets de nuit en cabarets de nuit, touchant de droite et de gauche; leur point d'originalité, c'est qu'ils sont presque toujours ou leurs propres paroliers ou leurs propres compositeurs et ils se distinguent ainsi des interprètes des music-halls, mais leur bohême n'est plus guère qu'apparente. Elle tient tout entière dans une cape à l'espagnole, dans la largeur d'une cravate, le débraillé d'un gilet; c'est peu de chose. — En les dessinant, Léandre reste dans son domaine, parmi les bourgeois, parmi les fils de Joseph Prud'homme qu'il connait si bien et qu'il peint si bien.

* * *

DANSEUSES

Le vieux Constantin Guys avait coutume de suivre les femmes, non pas tant en qualité d'amoureux que de dessinateur. Cet anglomane imbibé d'Edgar Poe avait lu l'*Homme des Foules* et l'interprétait à sa façon, cherchant partout des coins de vies où de la lumière jouât sur les carnations féminines, passionné, de l'éclat de lampes sur les chairs nues, dans les salons d'amour, comme de la lueur blafarde qu'un bec de gaz ou même une lanterne à l'huile faisait tomber à l'angle d'une rue sur une face de pierreuse. Le jour aussi il s'amusait à suivre les femmes, à les voir vaquant à leur marché ou aux emplettes des colifichets de la toilette. La mémoire picturale dont il était doué lui permettait d'emmagasiner les traits dans son souvenir et d'ailleurs, c'était surtout l'allure qu'il se préoccupait de garder toute vive, toute

paraissait curieuse, le reflet rare d'une jolie minute lumineuse, sur les pierres du Sacré-Cœur. Les dames énormes et grasses qui sur les tréteaux de la Cigale, font la joie des bourgeois, équipées en lycéens, en mousses, en bébés, glapissant d'aigres chansons, les longues vieilles filles anguleuses et plates qui pour tromper l'ennui de la vie, vont prendre des leçons de peinture, les gouvernantes sèches, les jeunes filles niaises, au sang chlorotique, appauvri par trop de séjours dans les arrières boutiques où la fortune familiale s'accumula, les endimanchés du théâtre, tels sont les personnages que Léandre saisit dans les rues de Montmartre et qu'il fixe d'un crayon corrosif et ardent, dans ses planches amusantes. Léandre ne songe point à moraliser Montmartre, ni à le défendre. Il y prend les éléments de bourgeoisie qu'il y trouve, et les transcrit dans la déformation caractéristique, qui accuse le tranché de leur façon d'être, et leur point de ridicule. Cesse-t-il de dessiner des bourgeois, alors que son crayon se saisit des chansonniers ? La plupart des chansonniers de Montmartre ne sont plus des bohêmes. Il en est qui ont, tréteaux sur rue, concert organisé; ce ne sont plus des errants qui jettent aux quatre vents de l'insouciance, une chanson spirituelle, en bravade à la dureté des temps, ce sont des entrepreneurs de joie. Et si tous n'ont pas ce confort de propriétaire ou ces soucis de capitaliste, les plus malheureux courent-ils fructueuse-

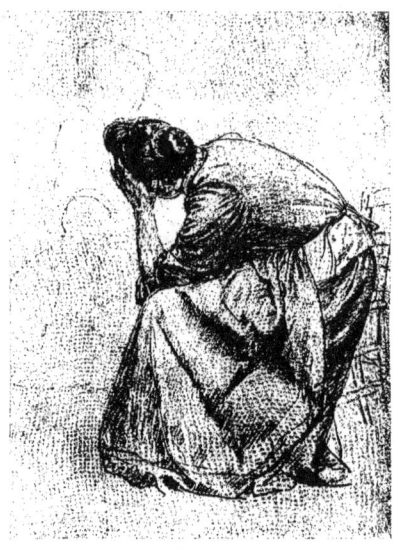

GUIGUET
FEMME ASSISE (PLACE RAVIGNAN)

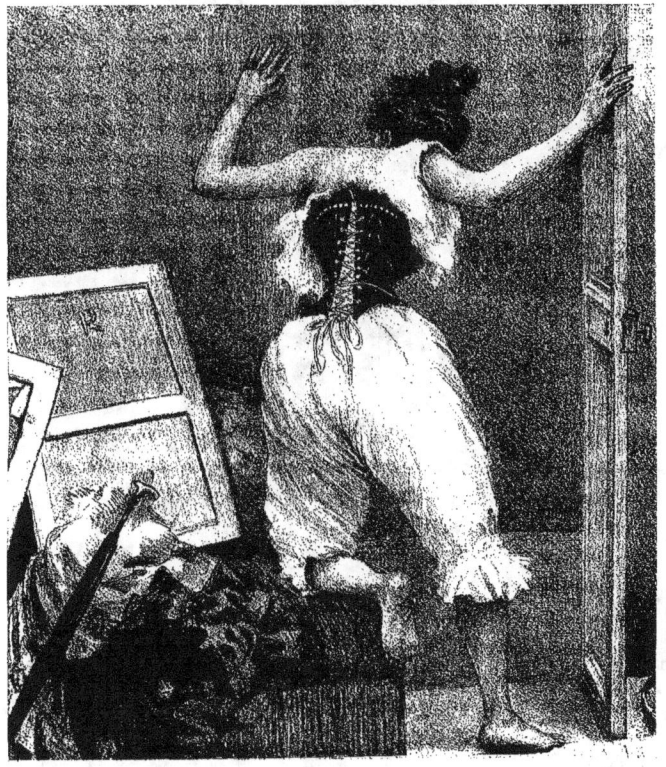

HENRI BOUTET — Je l'entends qui ronchonne dans l'escalier... Ça doit être ton tailleur...

preste, toute vraie. Cet intrépide collectionneur de tous les mouvements de la danse féminine, a tout figuré dans ses dessins; on suit chez lui, tout le mouvement de la chorégraphie canaille, depuis les lanciers qu'on dansait au bal d'Idalie, à Vincennes, fréquenté par les artilleurs, depuis le cancan que dansait majestueusement et follement à Mabille, la fameuse Rigolboche toute étincelante, de gazes légères, de grandes brides roses, de jupes très colorées, sur la large crinoline, depuis le pincement des jupes, quasi-modeste, qui précédait les grands élans du cancan, jusqu'au moderne chahut; le vieux Guys vit les mêmes danseuses dont Seurat et Lautrec nous ont laissé d'admirables images, les femmes empanachées du quadrille naturaliste et les gigolettes, qui sont du même temps.

L'habillement des danseuses du *Chahut* procède de la toilette des gommeuses de café-concert; Grille d'Egout, la Goulue, Rayon d'Or, la Sauterelle ont emprunté aux gommeuses, le large chapeau trop floré, trop garni de plumes immenses et quasi verticales qui donnait à certaines d'entre elles l'aspect d'un catafalque joyeux; elles lui ont pris les larges décolletés, les échancrures considérables de la robe dans le dos, et aussi, en l'augmentant, en l'outrant, l'abondance neigeuse des dessous. Les gommeuses elles-mêmes ont-elles dû au costumier ou à leur goût, ces détails du costume? L'influence de Chéret et du mouvement et des toilettes de ses affiches se sont fait sentir en cela. La présence sur les murs tous les jours, d'affiches donnant l'exemple de la joie de la couleur et outrant le geste pour être plus lisibles, ne pouvaient être sans effet sur les jeunes peintres qui comme un Choubrac, dessinaient des maquettes de costume; et d'avoir vu sur les murs, des audaces peintes décidaient les directeurs à les admettre plus facilement. Nous disions en début de cet article qu'il y eut aux temps de l'impressionnisme bien peu de music-halls Montmartrois, où ne se trouvaient le soir quelques peintres empressés à dessiner des allures de danseuses, de chanteuses ou de spectatrices? Il y eut aussi des peintres qui cherchaient surtout à reproduire l'effet des lumières sur les faces et les couleurs de l'oripeau. Quand ils eurent fixé des détails, ils attaquèrent les ensembles, et donnèrent de grands aspects de salles de bal.

Malgré le soin de construction et d'observation qui fait qu'un Renoir, vers 1867 ou 1868 peignant les bals du Moulin de la Galette, n'omet aucun détail pittoresque, quelle différence de richesses d'effets, de confusion de gestes, de liberté plus grande et de notations plus nombreuses de mouvements entre les toiles de Renoir, et les tableaux qui représentent les nouveaux Bals Montmartrois? Cela ne tient nullement au talent du peintre, car parmi les plus récemment arrivés à la gloire, de ces peintres qui nous ont brossé ces spectacles, il n'en est point qu'on puisse égaler à Renoir; mais l'ancien bal avec ses pauvres éclairages, et la Montmartroise d'antan dans ses simples toilettes, étaient aussi loin des salles et des toilettes d'aujourd'hui, que la salle de l'hôtel de Bourgogne où Molière jouait ses comédies ressemble au Théâtre français d'aujourd'hui, et que la toilette de Cendrillon alors qu'elle faisait la vaisselle, ressemblait à la robe qu'elle revêtit comme princesse, ou à la plus simple des belles robes d'une pêcheresse d'aujourd'hui. Est-il contraire à la vérité de noter un prodigieux enhardissement du goût, de dire que les couleurs que la femme, jadis, réservait aux grandes occasions, elle les prodigue actuellement à son tous les jours? Aussi les chimistes ont rendu les tons des étoffes plus variés et plus brillants, et jamais les édits des couturiers qui décrètent dix modes nouvelles par saison n'ont été suivis avec plus de diligente obéissance.

Aussi une transposition s'est-elle faite.

Telle personne que Manet campe au coin d'une rue, chapeautée, en belle allure de conquête, parée d'une toilette qui, pour les mœurs d'il y a une quarantaine d'années, pouvait passer pour audacieuse, nous apparaît aujourd'hui modeste et presque réservée.

Autant que les recherches de plus de richesse dans la couleur, qui dominent nos peintres d'aujourd'hui, cet enrichissement et cet enhardissement de la couleur rend les tableaux actuels qui dépeignent les jardins d'été des music-halls, éclatants et vibrants. Lorsque le peintre Anglada qui venait de préluder à Paris, à ses grands succès, en exposant des toiles où il faisait danser les Gitanes de sa Séville natale, se prit à peindre des *jardins de Paris*, il y trouva des éléments encore plus riches de coloration. Les grands manteaux clairs fanfreluchés lui apparurent aussi brillants sous la lumière électrique, que les grandes mantilles blanches que portent et drapent au-

CHARLES LÉANDRE   PORTRAIT

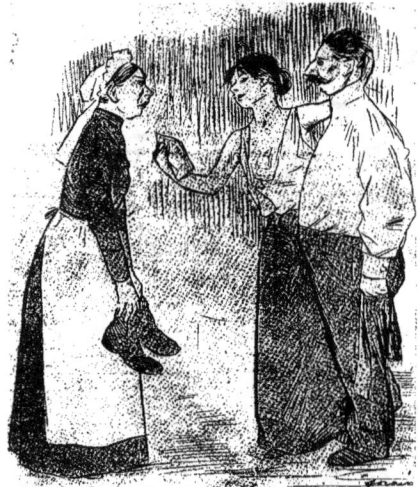

J.-L. FORAIN
— Tiens, piga?. — Et moi qui prenais monsieur, pour un agent des mœurs!

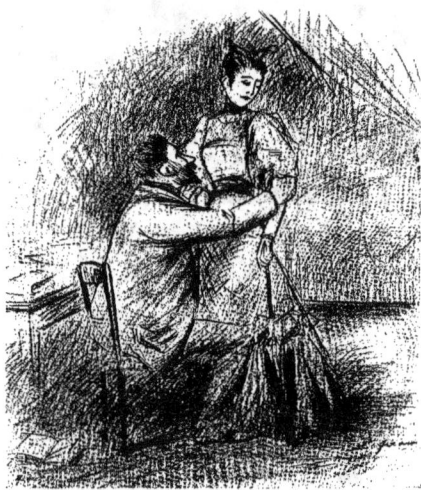

J.-L. FORAIN
— Comment, Baron, vous, vous!... dans ma chambrette — Oh... je connaissais l'hôtel!...

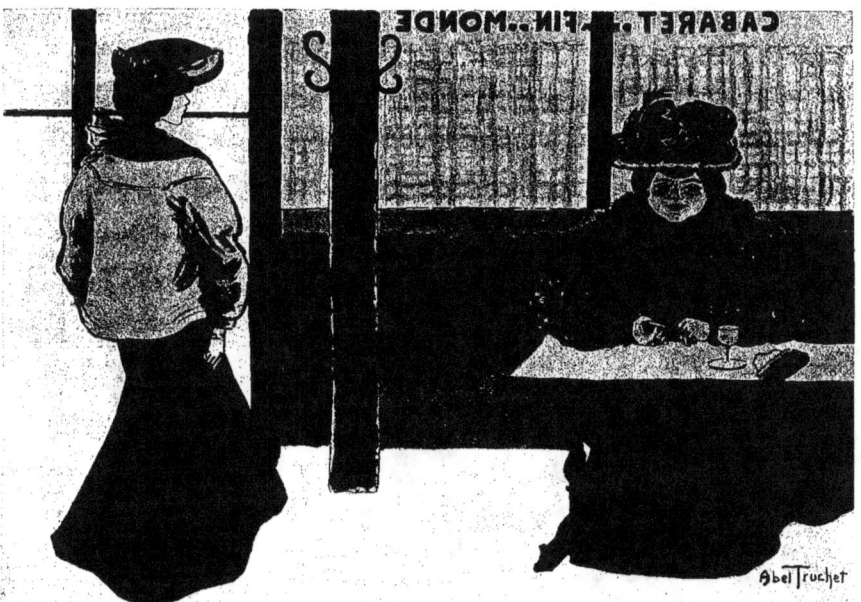

ABEL TRUCHET   CABARET DE LA FIN DU MONDE

tour de leur torse les Sévillannes. Les grands chapeaux à plumes, sur les cheveux d'or où l'ondulation ménage des rigoles de lumière sur de l'orfèvrerie, dépassaient en éclat, les chignons d'ébène piqués de la note brusque de la fleur de grenadier. Une salle de bal public à Paris, est peut-être ce qu'il y a de plus éclatant au monde. A toute cette polychromie, il a fallu joindre d'égales polychromies décoratives; la modeste salle de bal, à lumières pauvres éclairant des murs blanc-jaune a fini d'exister; des salles blanches, d'un blanc éclatant, d'un blanc de patisserie rehaussée d'or, faisant jaillir les tons des fresques décoratives, les ont remplacées et les peintres de Montmartre, les Truchet, les Minartz qui peignent l'un les murs de ces bals, l'autre les passants qui s'y ébattent, rivalisent de clarté et de vibration lumineuses. Abel Truchet a donné du bal des Quat'z'Arts une synthèse savoureuse. Des groupes de petites danseuses à tunique safranée, précèdent les hérauls d'armes qui annoncent l'arrivée de la beauté nue portée sur un pavois de triomphe et suivie de mille figurants brillament bariolés et qui se détachent sur un fond paré d'éclatantes tapisseries. Il a aussi figuré l'éclair blanc des danseuses gagées qui sur le parquet de Tabarin donnent, avec une grâce assez accorte des pas dérivés de ceux de la Loïe Fuller et apparaissent comme de grandes fleurs d'un blanc teinté légèrement de tous les prismes colorés.

Il excelle aussi à montrer dans les bars avoisinants, dans les buvettes étincelantes des verres roses et verts, du brillant des nickels, du sombre vernis des bouteilles aux panses profondes, les marchandes d'amour dans leurs atours de combat, dans les grands manteaux dont elles revêtent le luxe de leurs costumes et qu'elles laissent entr'ouverts pour qu'on puisse constater le détail nombreux et amusant de cette parure. Les faces sont variées, l'espièglerie ou la fatigue, un peu d'esprit naturel ou une bêtise bovine y apparait.

Le contraste le plus accentué parmi ces visions de la femme à Montmartre, c'est la sortie du bal de ces brillantes figurantes du plaisir, frôlant les tristes gigolettes, en cheveux qui errent à la disposition de tous, entre les arbres du boulevard extérieur. C'est une synthèse brève que souvent les peintres nous montrent dans un peu de lumière et d'ombre, c'est de la synthèse vraie, de la vie.

* * *

LES ESTHÈTES

MONTMARTRE ET LES POÈTES

Le Montmartre de Louis Morin, c'est la petite Cythère, picaresque, vive avec un rien d'érotisme dans le rendu, avec de la passion charnelle sincère, vive, frondeuse, ironique, profonde tendue et maniérée, tout à la fois. Morin ne simplifie jamais, au contraire. Dans un dessin de lui, habile, sûr, les figures se pressent, les couleurs se diversifient, se multiplient, avec goût; le trait nombreux a des aspects de calligraphie. C'est sinueux compliqué, expressif, minutieux, c'est toujours très amusant, ce qui n'empêche point la planche d'avoir son esprit, un coin de caractérisme amer, profond. Il y a des culbutes de faunes, des rires de diablotins en train de tenter Saint-Antoine; le nu de Morin est moderne entre tous les modernes, et suggestif, et en même temps précis, et aguichant. Il y a beaucoup de littérature dans le coup de crayon de Morin; il écrit d'ailleurs, il a de la satire. C'est lui qui a porté les coups les plus vifs à M. Bérenger le fondateur de la ligue contre la licence des rues. Il le silhouette supérieurement, en bête noire. Il le fait arriver parmi des essaims de faunes et de bacchantes modernes, alacres, vifs, rieurs, aux poses abandonnées en train de vendanger les vignes du péché, et il l'arrête, coi devant le large rire des uns et le sourire aigu des autres. Cela ne trouble point M. Bérenger, mais il ne trouble pas les autres; la fête ne s'arrête point parce que ce sévère témoin s'arrête devant les joyeux drilles, son parapluie sous le bras, l'air grognon, grondeur, encore qu'il puisse parfois déchaîner les colères de la loi et allumer ses foudres. Mais que peuvent les foudres de la loi, contre l'esprit délié et déluré!

Chez Morin, l'esprit abonde, esprit large et esprit anecdotier. Il excelle à faire jaillir le sel de l'anecdote. Comme les maîtres du XVIIIe siècle qu'il a beaucoup regardé, il n'hésite pas à jeter au coin d'un menu, la plus savoureuse illustration, avec des diables lutinant des Montmartroises. Lancé parmi les ruelles de la butte, il leur donne vite un air de fête, de fête galante. Ce coin de rue où une lumière trouble filtre à travers le verre presque opaque, parmi la devanture rouge sang de bœuf d'un mastroquet, Morin y fait passer des rapins et des petites femmes; la petite femme a un toquet écarlate, son costume est comme celui des autres femmes qu'on pourrait

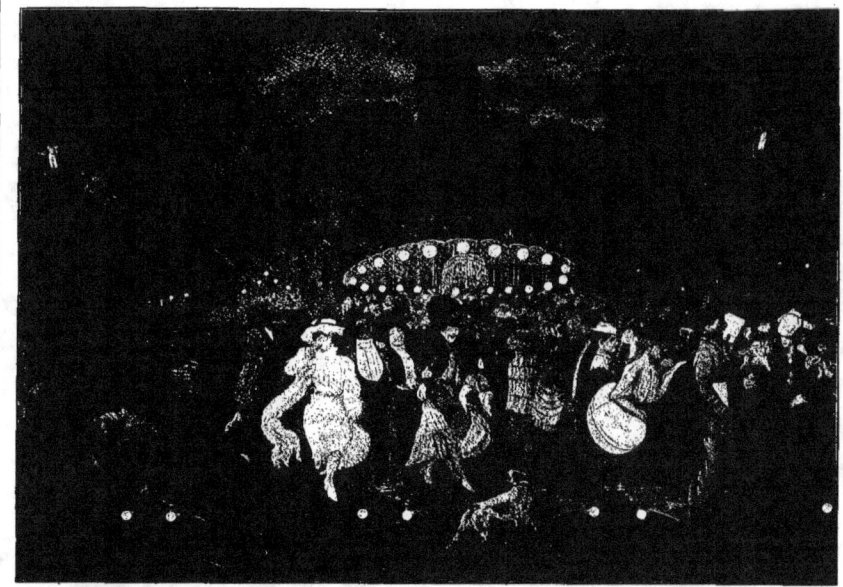

STEINLEN BOULEVARD EXTÉRIEUR (Décoration de la Taverne de Paris)

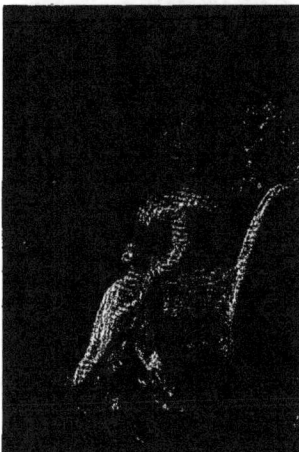

CHARLES LÉANDRE   LA GLOIRE DU PEINTRE

rencontrer, elle suit la mode; mais il y a le toquet, il y a un rien dans l'ajustement, dans l'enrubannement qui la rend plus particulière, plus singulière, qui apporte du même coup, la marque personnelle de Morin, et la note d'élégance féminine, le point de piment.

Morin n'est pas que Montmartrois, il est plus ample, il a donné de Venise de belles silhouettes monumentales, il a décrit en maître les architectures chancelantes des vieilles fermes bretonnes. Ses eaux-fortes en ont donné des aspects presqu'humains, tant sont expressifs le tassement de leurs lignes, leur pittoresque vétusté, leurs lézardes curieuses, mais sa plus belle province, c'est encore cette Cythère imaginative où il fait passer sur l'eau verte les barques chargées de figurants magnifiques, les barques chargées de personnages de fêtes galantes, reflets en son esprit d'un Paris supérieur, d'un Montmartre idéal. Bien d'autres ont dit la fameuse atmosphère de la fête de Montmartre, la folie tourbillonnante des Manèges de cochons roses, l'éclat des pîtres devant les baraques, la foule dense que les voitures ne peuvent traverser. Ce paysage, le boulevard Montmartrois, hier encore Steinlen les décrivait dans la grande fresque qui pare la Taverne de Paris, juxtaposant les fillettes émues, les filles, les ouvriers naïfs, les escarpes, les fêtards dans une grande composition, reservant les maisons du boulevard extérieur et les talus ras et pelés de la Butte, schématiquement. A chaque exposition des Indépendants, le faire de Dufrénoy, de Tarkhoff s'affirme en taches amusantes, en panneaux vibrants. Chacun a sa province. Luce peint les rues hautes et silencieuses, la rue Cortot perdue dans des jardins, rue de Bruges égarée près du Sacré-Cœur, muette et pauvre, Truchet saisit auprès des montagnes russes, le grouillement de la place Blanche. La variété des pittoresques provoque l'infinie variété des peintres.

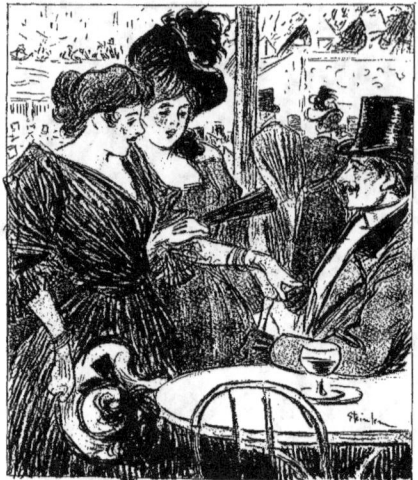

STEINLEN   A L'ÉLYSÉE MONTMARTRE

de romances, et il charme par des crudités bien enveloppées et de l'argot bien mesuré à leur capacité d'entendement, les fêtards et les théâtreuses qui s'en viennent vers les minuits, faire un tour de Chat Noir.

Il y a Mac-Nab. Mac-Nab était pendant toute sa journée employé quelque part, dans un ministère, il s'y ennuyait, et le spleen des cartons verts lui inspira en contraste quelques désopilantes fantaisies; à les lire, on n'en saisit pas très bien le sel, à l'entendre on le comprenait fort bien, on riait, on s'amusait. Très froid, très flegmatique il articulait ses énormités, faisant l'éloge des poêles mobiles, en intercalant dans un commentaire enflammé des phrases de prospectus commercial. Les titres: « Ballade des fœtus, Ballade des Derrières froids » donneront une idée de son comique audacieux.

Il y avait Emile Goudeau, le fantaisiste. Déjà avant lui avaient paru sur la Butte participant à ses gaietés, Richepin et Ponchon, Goudeau leur succéda à peu près, au bout de quelques années qu'ils ne consentirent plus à ce rôle de poètes picaresques. Ce méridional moderniste de Goudeau avait l'âme Montmartroise. C'est par lui, que le Chat noir, cabaret, posséda un Chat Noir, journal. Ses poèmes sont de l'improvisation rapide, pochades de buveur, auxquels parmi le rire obligé se glisse parfois du vrai sentiment. Son roman, la *Vache enragée* (c'est-à-dire la Dèche), ce mal si commun à tous les artistes de ce nouveau Parnasse, la Butte, eut assez de succès par là pour qu'une cavalcade qui s'organisait, de ces cavalcades où les artistes comme Willette

La variété des types égale celle du décor. Combien de bohèmes passèrent au Chat Noir, à l'Ane rouge, à l'Auberge du Clou, partout où un peu de lumière gaie réunissait des artistes soucieux de se divertir un peu, les uns et les autres. Laissons de côté ceux qui firent de ces cabarets le prétexte de leurs affaires, comme Salis, camelot d'art, expert bonimenteur doué de fougue et de mouvement, pas amusant d'ailleurs; mais quel défilé parmi ces murs peints où le *Parce Domine* de Willette, faisait face à des frêles et jolis tableautins de Méry le peintre d'oiseaux, où une œuvre d'Henry Rivière voisinait avec une pointe sèche d'Henry Somm.

Les plus curieux furent surtout les artistes, les auteurs gais, d'une gaieté un peu amère. C'est Jules Jouy, chansonnier macabre, Jules Jouy, plaisant, pince-sans-rire, sorti du peuple, très peuple, qui pose un instant sa pipe sur un coin du piano de l'établissement pour chanter sa chanson de Gamahut, « écoutez-moi donc . . . . voulez-vous pas prendre une collation . . . . » (le lendemain de la première audition de cette chanson on guillotinait Gamahut). Petit, sec, l'œil vairon, sans cesse coiffé d'un chapeau melon qu'il portait très en arrière sur le front, il avait l'air d'un placier. Au fond c'est très habilement qu'il les chantait et les plaçait, ses chansons, aujourd'hui au Chat Noir, où il conquiert les sympathies d'un public dilettante et blasé, le lendemain dans une goguette du Faubourg du Temple; là il se prépare des bravos pour le jour où sa chansonnette sera chantée par quelqu'interprète dans les vrais music-halls. Pas sans talent, loin de là! très roublard! quand il veut, il compose la romance de façon à tirer des larmes à tous les cœurs sensibles! mais il sait que la réputation ne se fait pas par les bravos des naïfs auditeurs

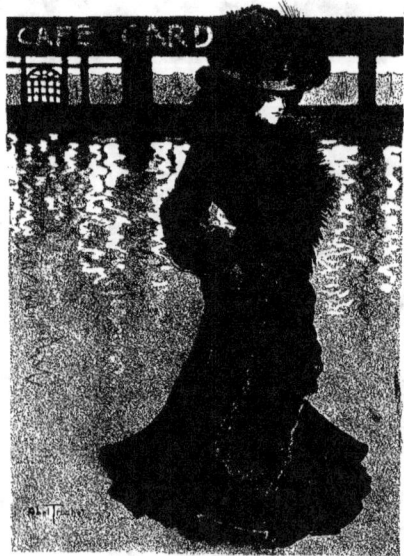

ABEL TRUCHET   AU BOULEVARD

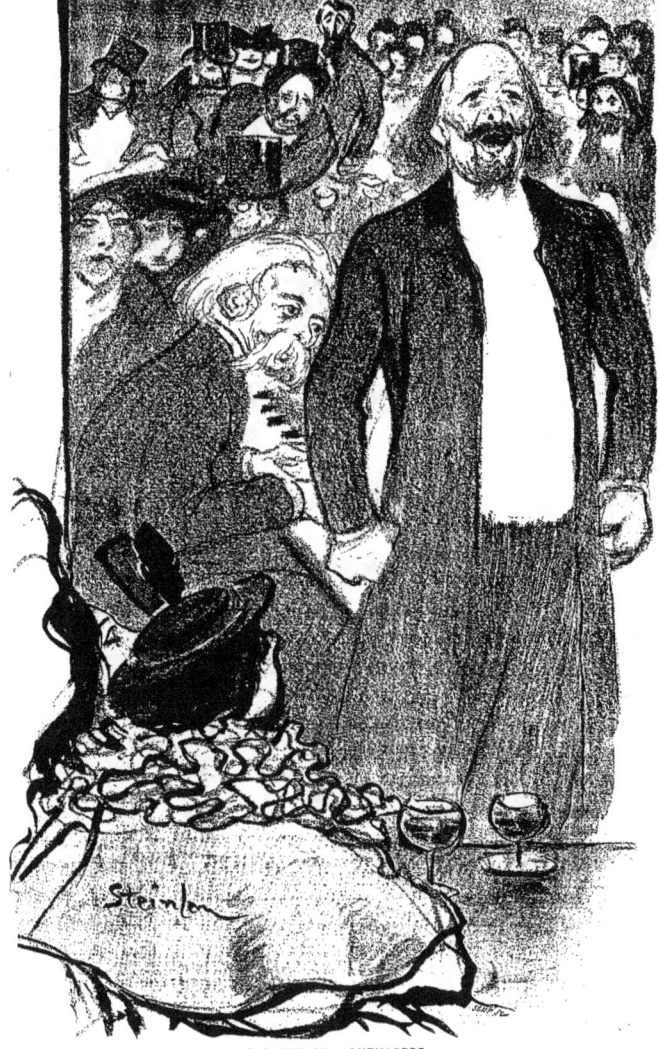

STEINLEN — CABARET DE MONTMARTRE
(Charles de Sivry et Marcel Legay)

aimaient collaborer, décorant des chars, mettant en cortège des idées drôles, prit le titre de son roman et s'appela le Cortège de la Vache enragée, ou Vachalcade. La Bohême était devenue sa vie; lorsqu'il se rangea, il dépérit.

Charles Cros aussi y parut; celui-ci grand poëte, savant remarquable, esprit désordonné, vint achever de finir sur la Butte, au Chat noir, une destinée brillante, et qui tous les jours depuis longtemps s'obscurcissait. Il datait des beaux temps Parnassiens, il avait apporté à la poésie des notes nouvelles, inventé le phonographe avant Edison, trouvé le principe de la photographie des couleurs. Il habitait sur la rive gauche près de la gare Montparnasse. Tous les jours l'attirance du cabaret d'art l'amenait vers Montmartre, il y gagnait des sommes dérisoires à dire des vers et à écrire des chroniques pour le journal.

Néanmoins beaucoup de choses de Montmartre datent de lui. Non point, dans la plastique. Il n'y a guère de parenté entre un Willette et un Cros, ou du moins, il n'y a pas d'influence de Cros sur Willette. Tout de même il y a rencontre; l'esprit que Cros dépensa dans tant de parodies joyeuses, appelées sommairement et modestement Grains de Sel, ressemble fort à l'humour américain, anglo saxon où un Allais et même un Mac-Nab iront chercher leurs éléments d'imprévu. Sans doute Charles Cros n'a pas fait de Pierrots, et s'il avait fait un Pierrot, sa création eut emprunté le plus de son lyrisme et de son fantasque au merveilleux, macabre et au merveilleux scientifique.

Ce Pierrot eut été surtout un clown. N'oublions point que le clown n'est point sans avoir compté dans les renaissances du Pierrot Montmartrois. Il y eut lorsque vinrent à Paris, prestigieux, ardents, gymnastes alertes, infatigables, soulevant une admiration unanime chez les écrivains et chez les artistes les Hanton-

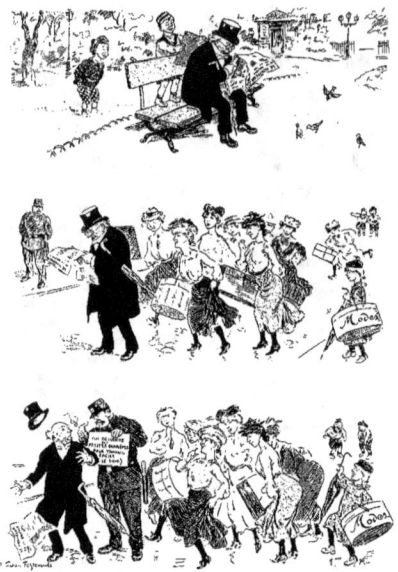

JEHAN TESTEVUIDE — L'ÉCRITAU

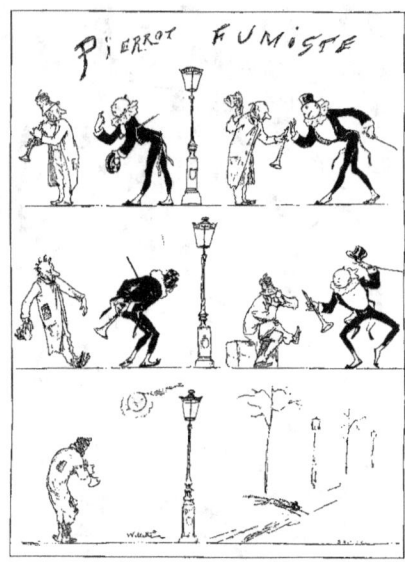

WILLETTE — PIERROT FUMISTE

Lees et les Martinetti une grosse influence de clown américain sur notre Pierrot.

Je me souviens d'avoir vu Paul Legrand un des derniers Pierrots, de style français de l'école de Debureau, revenir, sur la scène, après une longue absence, plutôt une longue éclipse, car le succès de la pantomime n'est point parmanent à Paris. Paul Legrand revenait dans une pantomime qui justement représentait la rencontre imprévue sur une scène de music-hall du Pierrot et du clown américain, en somme du Pierrot blanc, et du Pierrot noir. Charles Cros se fut rangé du côté de ce Pierrot plus fantaisiste, plus clown musical. Remarquez d'ailleurs les premiers Pierrots de Willette. Ils ont dans le geste dont ils brandissent leurs violons, dans l'ahurissement quasi mathématique de la face, dans les petits trous rectangulaires des yeux et de la bouche beaucoup du masque du clown américain.

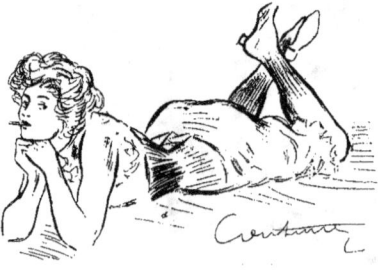

COUTURIER — LA CIGARETTE

C'est aux visions de Martinetti que Willette a emprunté cette première forme de son Pierrot, moins capitale, moins importante que celle plus française, plus Watteau, plus Willette qu'il a développé ensuite. Cette première forme, il la devait tout de même peut-être un petit peu à la verve de Charles Cros, au contact qu'il eut avec cet esprit scientifiquement ironique et très pince-sans-rire?

* * *

Si des artistes finirent à Montmartre et plutôt mal, d'autres y débutèrent avec éclat; la même atmosphère qui tue les uns, vivifie les autres! Ceux qui vivaient déjà dans Montmartre, et à qui le Cabaret donna quelqu'impulsion, surmenant leur activité, y périrent; non seulement des poètes, mais des musiciens, comme ce Charles de Sivry, homme plein de talent, qui devint le musicien célèbre, le pianiste fêté, le chef

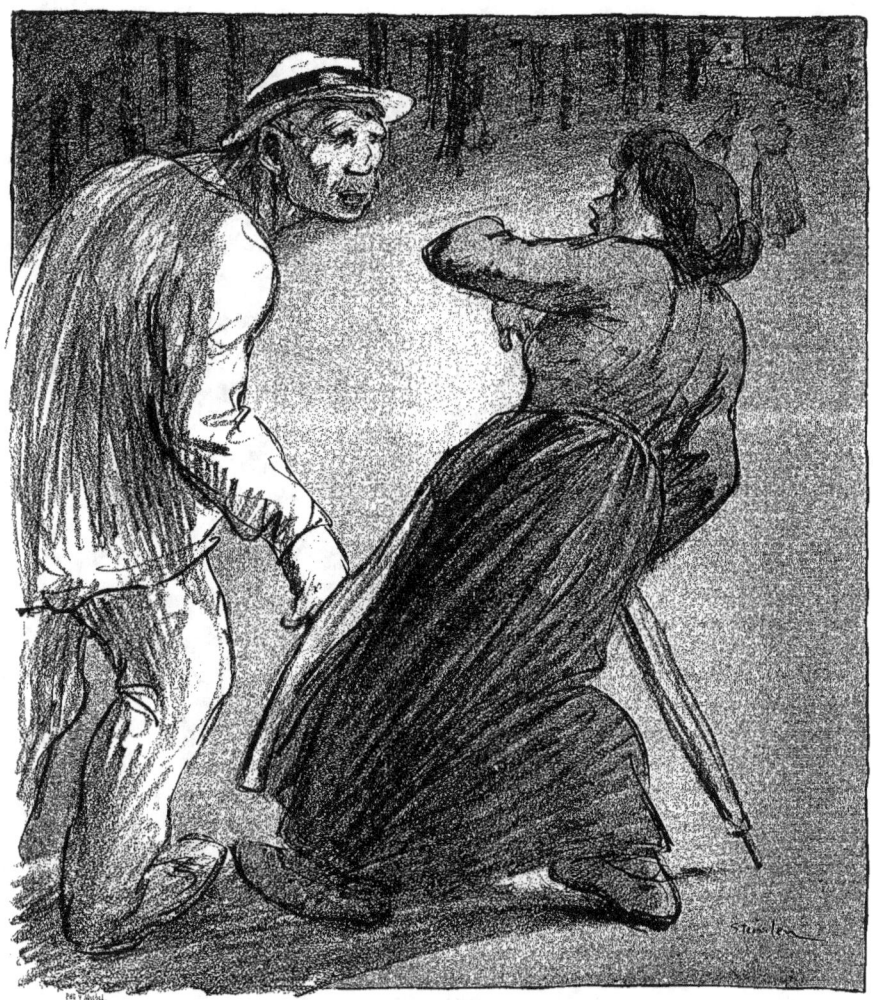

STEINLEN — Au boulevard extérieur: Rencontre imprévue

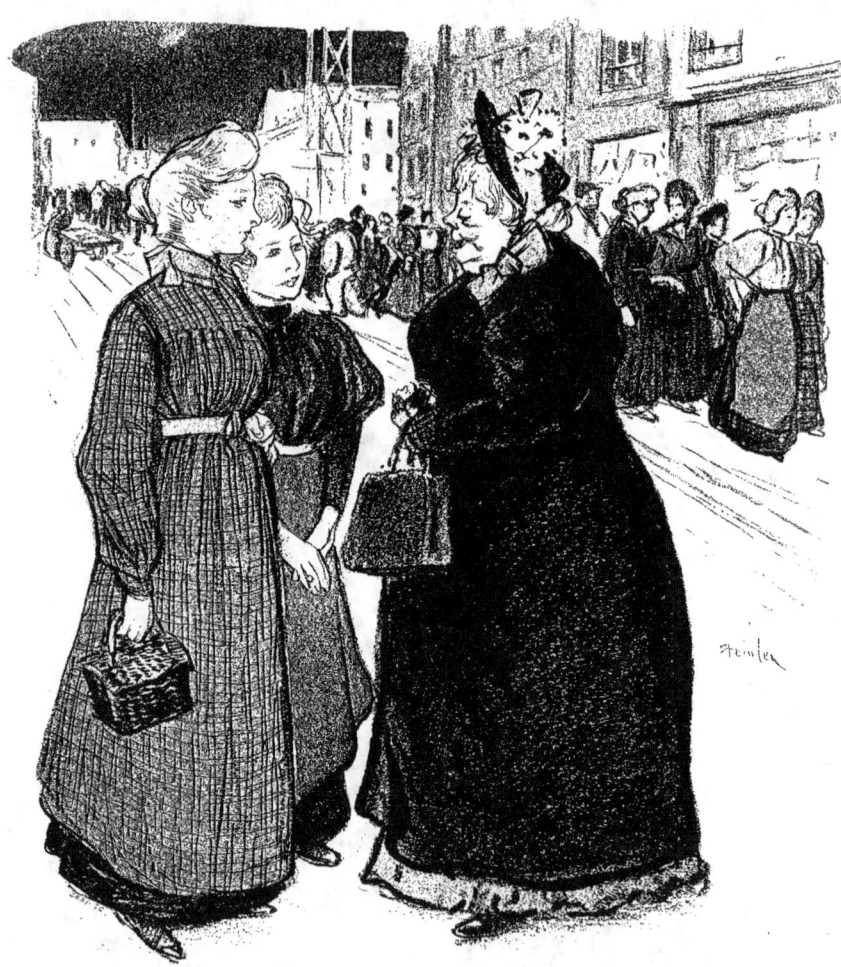

STEINLEN — Les petites ouvrières

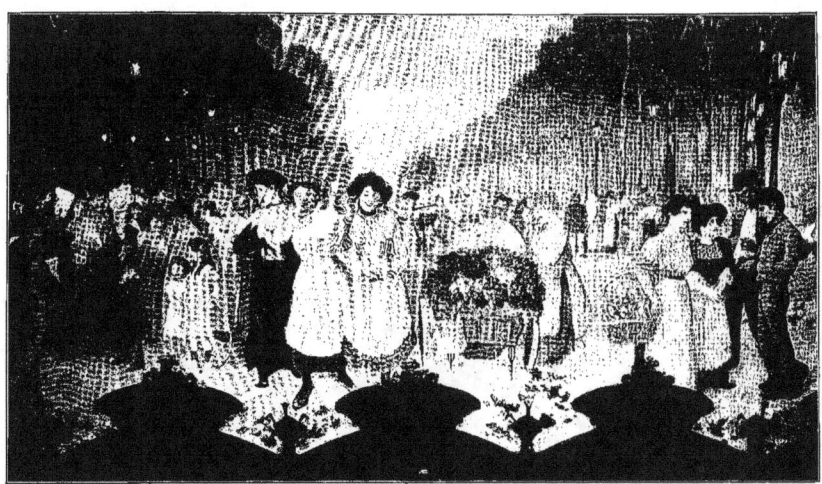

STEINLEN — BOULEVARD EXTÉRIEUR (Décoration de la Taverne de Paris)

de petit orchestre, reconnu, de ces petits endroits, et qui s'usa à ce métier de musicien à tout faire!

Mais Maurice Donnay, par exemple y trouva le chemin de la gloire, écrivant des revues légères, dont le sel n'était puissant que pour les autres artistes; mais les artistes qu'il intéressa établirent sa réputation. Auprès de lui, d'autres humoristes, Auriol, Alphonse Allais. Alphonse Allais apportait à Montmartre quelque chose de la fantaisie de Mark Twain; un tour heureux de froide plaisanterie, une tranquille audace à railler des figures populaires du journalisme, telles que celles de Sarcey, firent le commencement de son succès. Ses meilleures fantaisies, les plus folles, les plus logiquement folles, car il avait l'esprit scientifique, datent de sa vie Montmartroise. Il habitait un singulier endroit, l'hôtel des Deux Hémisphères qui par sa pro-

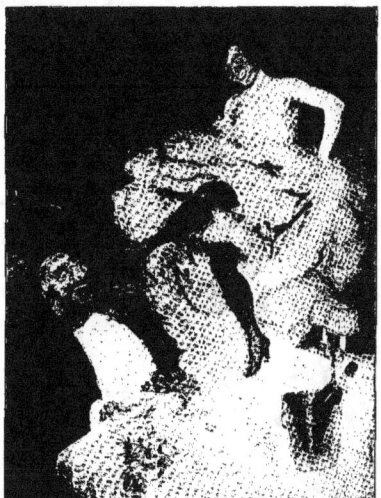

GRÜN — DÉCORATION DE LA TAVERNE DE PARIS

ximité avec le cirque Fernando, (aujourd'hui cirque Médrano) avait ce bonheur et ce pittoresque, de loger une foule d'exotiques et de phénomènes, de lutteurs, de jongleurs, de montreurs de bêtes curieuses, qui allaient faire leur cachet au cirque, et vivaient là. Il tira de bons effets de leur constante observation. Il fut le barde, si l'on peut dire, le barde en prose des boissons américaines, des coktails qui venaient jeter dans la vie de la Bohême la perturbation d'une nouvelle ivresse plus lourde. Dans un recueil anthologique, qui s'appelle les Gaietés du Chat Noir, se rencontrent les noms d'Alfred Capus, qui préludait à ses grands succès de théâtre par de petites fantaisies amusantes, de Victor Margueritte qui avant de collaborer avec son frère, arborait là de merveilleux gilets diaprés, en disant des vers à la gloire de Villon; de Donnay, de Tristan

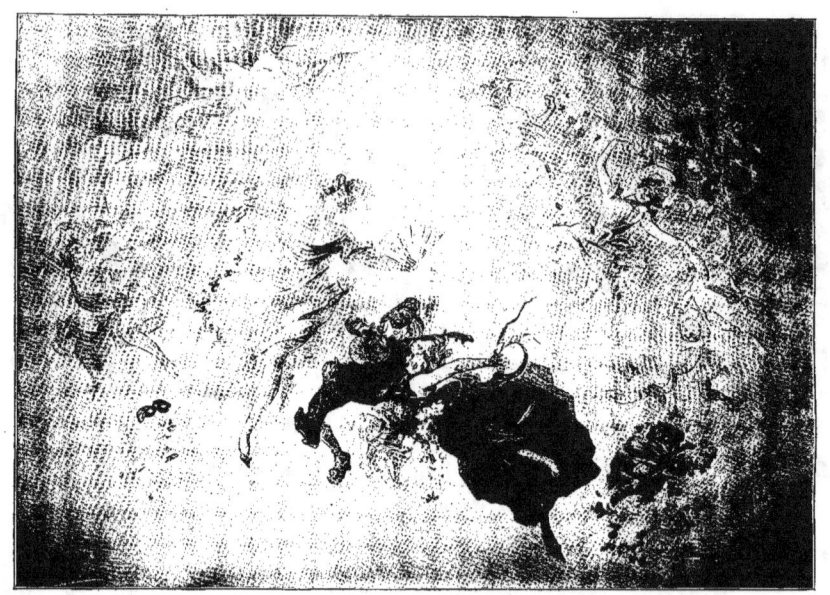

JULES CHÉRET — DÉCORATION DE LA TAVERNE DE PARIS

Bernard, de Fernand Vanderem, de Franc-Nohain qui apportait là de petits poëmes ironiques, où il utilisait fort à propos pour sa notoriété de poëte, tout en les raillant un peu, les trouvailles de métrique des Symbolistes; on y rencontrait le bon poëte Raoul Gineste, faux indolent qui tous les jours exerçait la médecine en un quartier lointain, et, la nuit, noctambulait avec ses confrères jusqu'aux heures les plus matinales. Willy y débuta, par des fables express qui

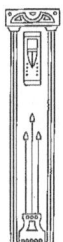
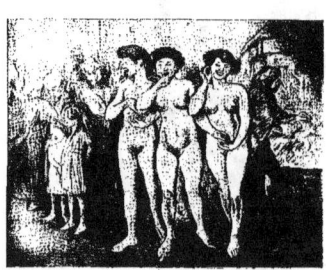
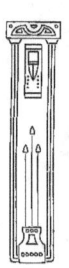

STEINLEN — ÉTUDE DE NU

MÉTIVET
(Étude pour la Décoration de la Taverne de Paris)

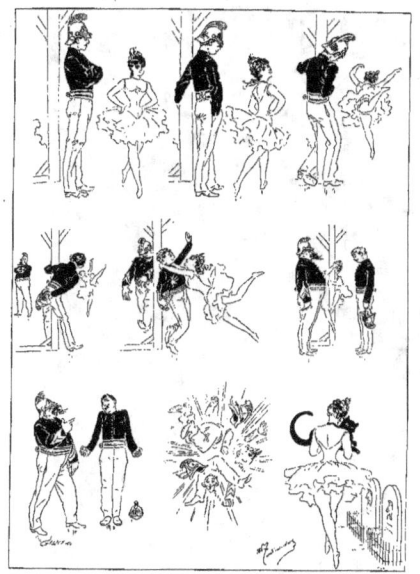

FERDINANDUS L'Étoile et le Pompier

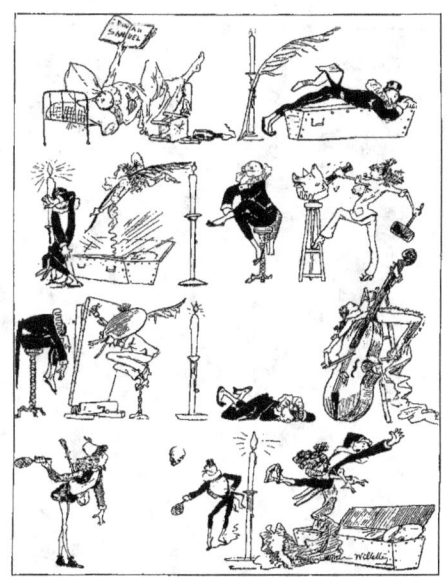

WILLETTE Le chat noir

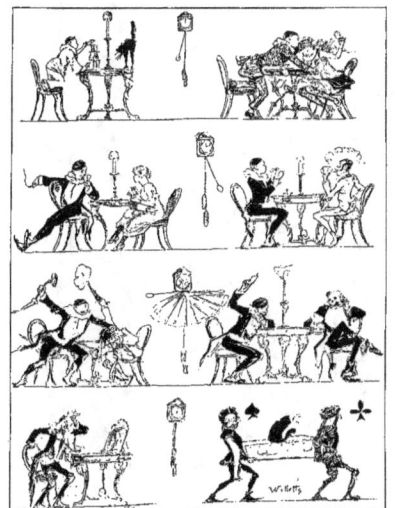

WILLETTE Le Joueur ou 30 ans de la Vie de Pierrot

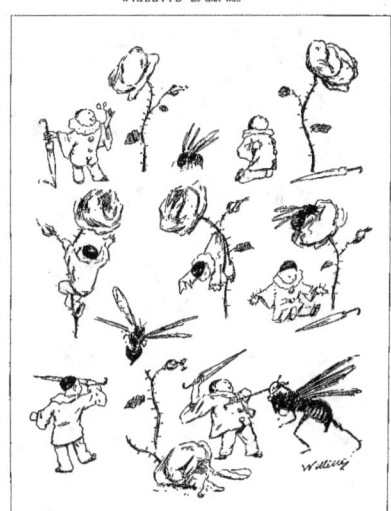

WILLETTE Il n'y a pas de roses sans épines

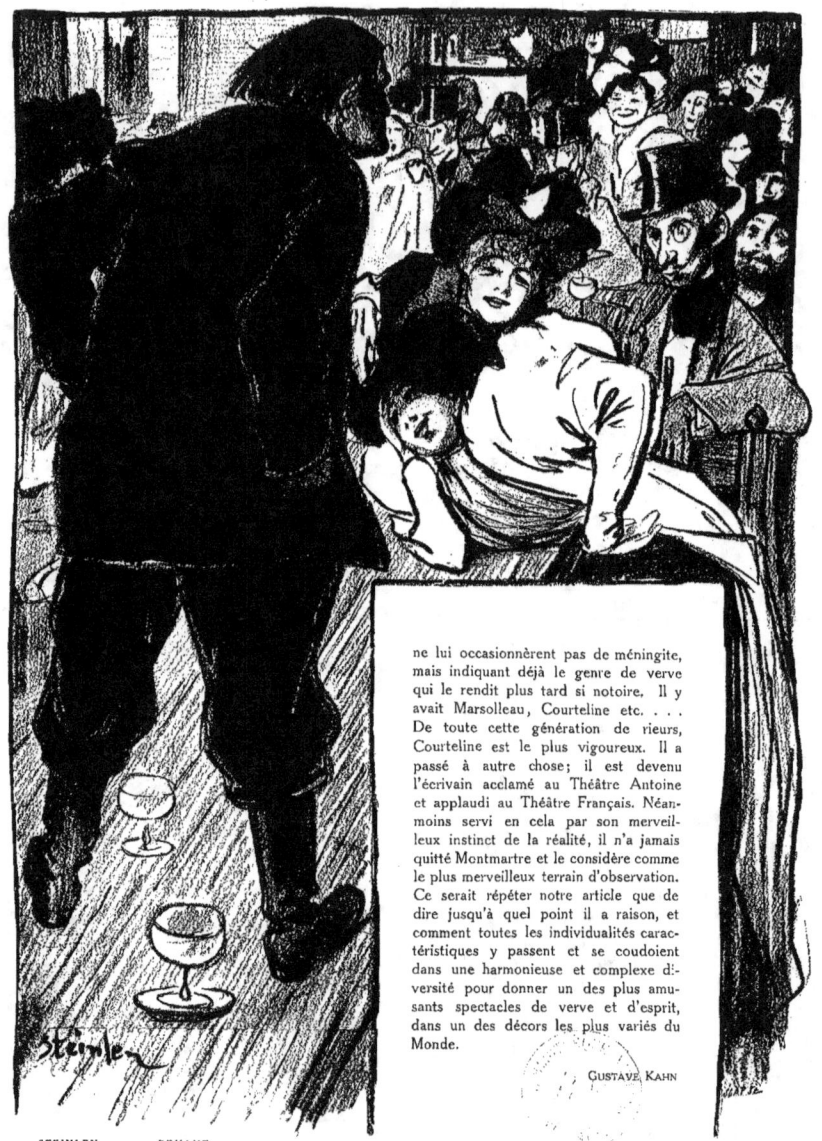

ne lui occasionnèrent pas de méningite, mais indiquant déjà le genre de verve qui le rendit plus tard si notoire. Il y avait Marsolleau, Courteline etc. . . . De toute cette génération de rieurs, Courteline est le plus vigoureux. Il a passé à autre chose; il est devenu l'écrivain acclamé au Théâtre Antoine et applaudi au Théâtre Français. Néanmoins servi en cela par son merveilleux instinct de la réalité, il n'a jamais quitté Montmartre et le considère comme le plus merveilleux terrain d'observation. Ce serait répéter notre article que de dire jusqu'à quel point il a raison, et comment toutes les individualités caractéristiques y passent et se coudoient dans une harmonieuse et complexe diversité pour donner un des plus amusants spectacles de verve et d'esprit, dans un des décors les plus variés du Monde.

GUSTAVE KAHN

STEINLEN   BRUANT

LIBRAIRIE ARTISTIQUE et LITTÉRAIRE, 65, Rue du Bac, PARIS

FRAGONARD par Gustave Kahn.

Prix net 6 Francs.

Numéro spécial 3 de L'ART et le BEAU

Ce numéro comporte trente-six pages, il est orné de plus de soixante illustrations, dont dix hors texte. Ces illustrations donnent une idée complète et exacte de tout le développement de l'artiste. Elles reproduisent ses œuvres les plus célèbres.

Elles reproduisent aussi celles qui ont été récemment découvertes. On ne peut se flatter d'être tout à fait au courant de l'œuvre de *Fragonard* si l'on ne connaît ce numéro, où nombre de tableaux ou dessins du maître sont reproduits pour la première fois, et n'ont été vus qu'à l'exposition du cercle artistique de Nice. L'étude sur la vie et l'œuvre de *Fragonard* qui accompagne cette documentation illustrée a été écrite par *Gustave Kahn*. Tous les fervents du XVIIIe siècle connaissent le livre définitif qu'il a écrit sur *Boucher*, le maître de *Fragonard*.

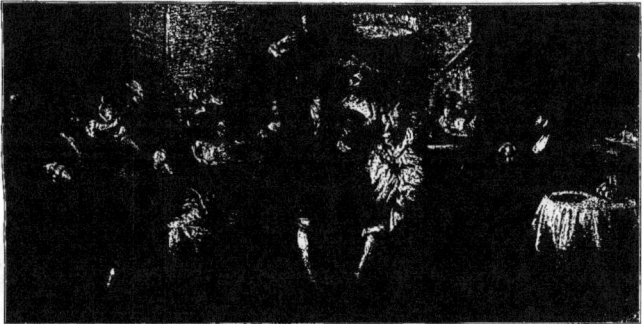

LE TRIPOT, Tableau de Theophile Fragonard. Spécimen réduit de FRAGONARD par Gustave Kahn.

Les lecteurs de L'ART ET LE BEAU ont lu ses pénétrantes études sur *Félicien Rops* et sur *Auguste Rodin*.

Le très grand succès de ces précédents fascicules est un gage certain du succès de celui-ci, autant que la compétence spéciale de *Gustave Kahn* en tout ce qui touche l'art français au XVIIIe siècle.

L'œuvre de *Fragonard* est ainsi présentée dans toute sa savoureuse complexité. Une large place a été faite à l'éblouissant portraitiste que fut Fragonard et aux belles images qu'il a laissé de la beauté des femmes de son temps.

Une plus large encore a été faite au peintre des Baigneuses, au peintre du déshabillé voluptueux de la femme, à l'artiste qui a su le mieux peindre les blancheurs nacrées du corps féminin, au meilleur interprète de ces ébats où tout le joli geste de la femme entraînée par le plaisir du moment se donne en toute liberté et en toute beauté.

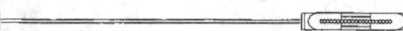

FÉLICIEN ROPS
ET SON ŒUVRE

par Gustave Kahn. — Prix net 6 Francs.

Numéro spécial 1 de
L'ART ET LE BEAU

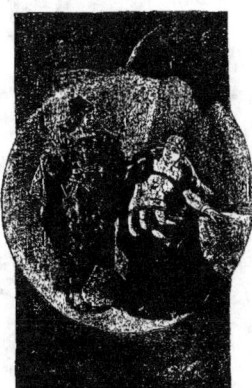

LE ROMAN D'UNE NUIT
Spécimen réduit de Félicien Rops par Gustave Kahn

Ce numéro contient 60 des plus belles planches du célèbre maître Félicien Rops, en grande partie dans le format original, ainsi que deux pages en quatre couleurs.

La couverture, également en quatre couleurs, représente le portrait de *Félicien Rops*, d'après le tableau de Paul Mathey du Musée du Luxembourg.

A côté de quelques pages déjà reproduites, le numéro en publie également qui sont demeurées moins connues jusqu'à présent.

Les gravures ont été choisies de façon à donner l'impression la plus exacte du labeur multiple de l'artiste, analysant par l'image toute la variété d'un des génies les plus complexes et les plus audacieux du XIXe siècle.

Il nous paraît inutile de rappeler que peu d'artistes modernes ont, autant que Rops, éveillé la curiosité du public; pourtant il est resté pour lui presque un inconnu. Jusqu'à présent, Rops n'était apprécié que par une minorité restreinte, parce que son œuvre n'était pas à la portée de tous. Aussi est-il certain que le grand public accueillera avec satisfaction ce choix des plus belles pages du maître.

Le texte du numéro consiste en une étude sur *Félicien Rops* par M. Gustave Kahn, qui est certainement la plus synthétique et la plus colorée que nous possédions sur le grand maître et son œuvre.

LIBRAIRIE ARTISTIQUE et LITTÉRAIRE,
65, Rue du Bac, PARIS

AUGUSTE RODIN
L'HOMME ET L'OEUVRE
par GUSTAVE KAHN.

Numéro spécial 2 de **L'ART ET LE BEAU**

PRIX net 6 Francs.

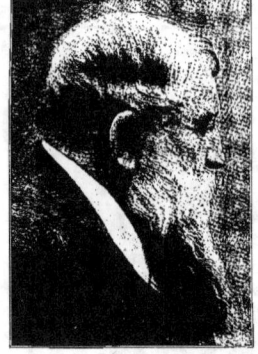

AUGUSTE RODIN

Ce numéro contient environ **soixante des plus belles reproductions** du maître **Rodin**.

Ces reproductions ont été choisies avec le plus grand soin, de façon à ce qu'elles présentent, par l'image, une vision d'ensemble de l'œuvre de *Rodin*, tenant compte des premiers chefs-d'œuvre et nous montrant l'évolution du génie de *Rodin*, jusqu'à ses derniers morceaux de sculpture.

Personne n'a jusqu'ici compris et traduit la beauté du corps de la femme, ni le geste ardent de l'homme vers la femme, avec autant de puissance que *Rodin*. Son œuvre tout entière est le poème de la chair et du désir le plus effréné, le plus aigu, comme le plus doux et le plus câlin.

Pour traduire ces visions du poète sculpteur, il fallait que le texte fût confié à un critique d'art qui fût en même temps un poète. Nous avons demandé une étude sur *Rodin* à Gustave Kahn. Nos lecteurs se souviennent de sa récente et très belle étude sur Rops, parue en un numéro spécial de *l'Art et le Beau*.

Son étude sur *Rodin* est la plus complète qu'on ait écrite sur le maître. Elle le suit depuis ses débuts jusqu'à aujourd'hui même.

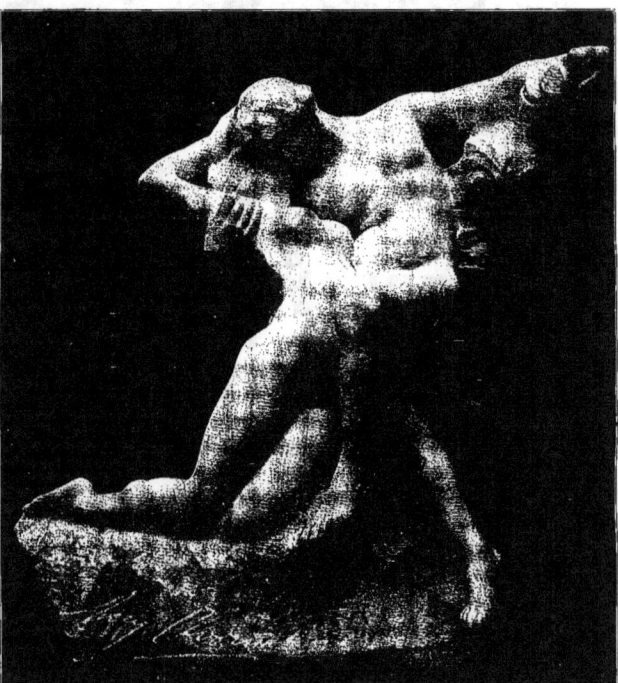

LE PRINTEMPS
Spécimen réduit de AUGUSTE RODIN L'Homme et l'Oeuvre

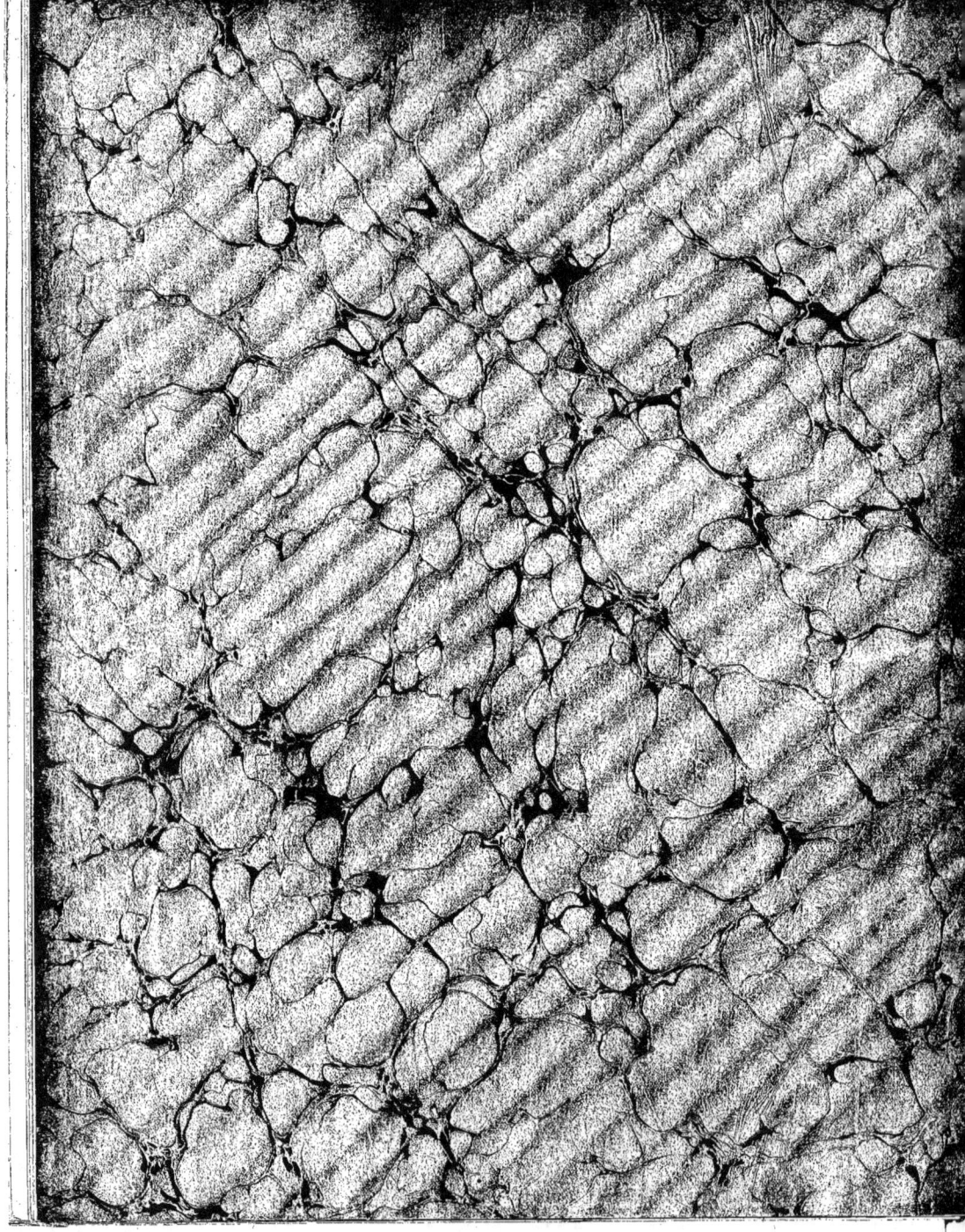

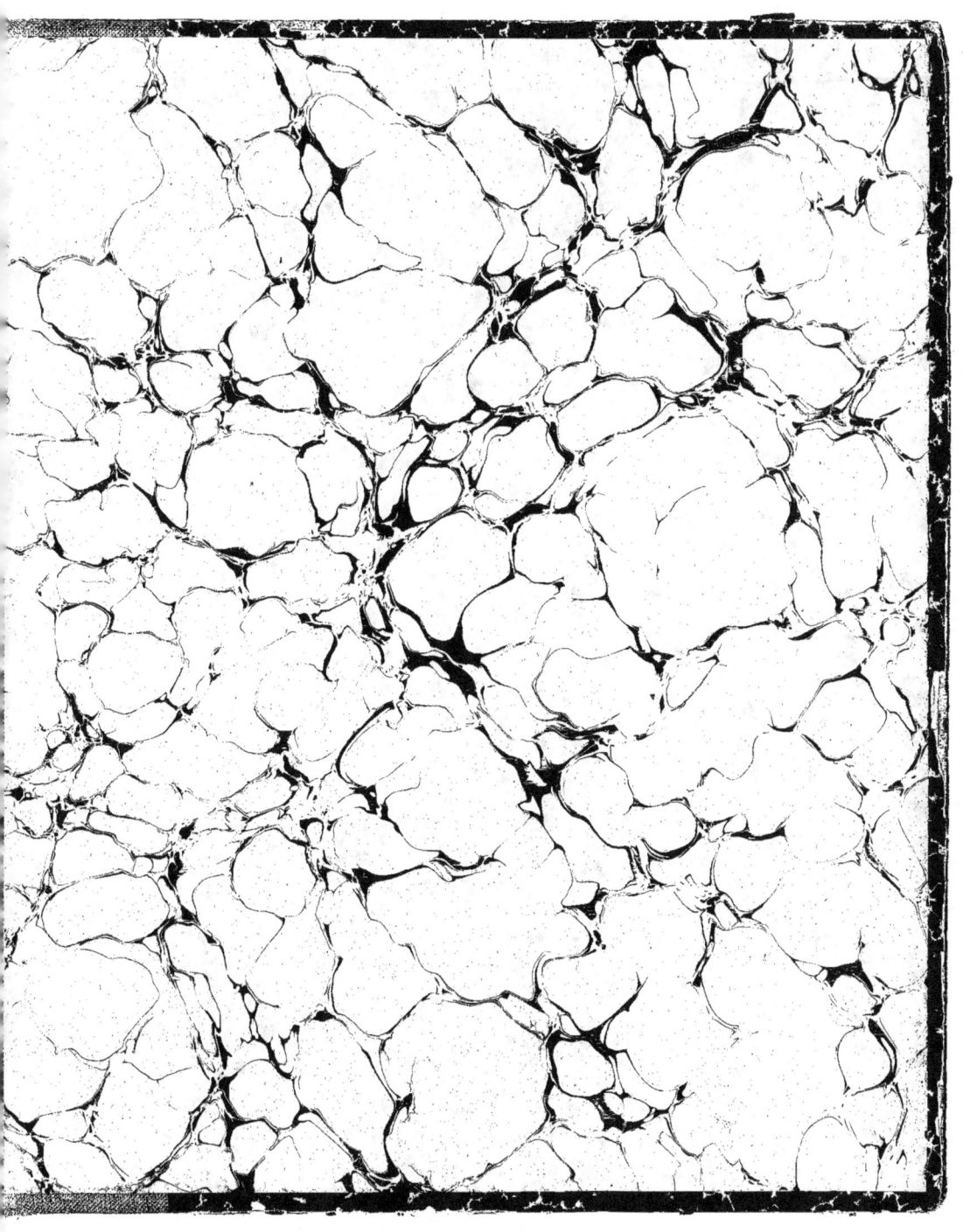

www.ingramcontent.com/pod-product-compliance
Lightning Source LLC
Chambersburg PA
CBHW050018230526
45470CB00003B/1019